KB210910

에픽테토스의
지혜

The Golden Sayings of Epictetus

에픽테토스의 지혜

초판 1쇄 발행 2025년 5월 15일

원제 The Golden Sayings of Epictetus
지은이 에픽테토스
옮긴이 정명진
펴낸이 정명진
디자인 정다희
펴낸곳 도서출판 부글북스
등록번호 제300-2005-150호
등록일자 2005년 9월 2일
주소 서울시 노원구 공릉로 63길 14, 101동 203호(하계동, 청구빌라) (139-872)
전화 02-948-7289
전자우편 00123korea@hanmail.net
ISBN 979-11-5920-170-7 03160

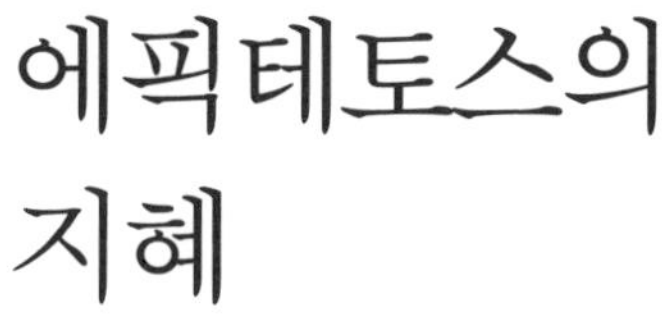

The Golden Sayings of Epictetus

에픽테토스 지음 정명진 옮김

차례

〈들어가며〉

편집자의 소개 글

에픽테토스(Epictetus)는 A.D. 1세기 중반에 프리기아의 히에라폴리스에서 태어난 그리스인이다. 그가 네로(Nero: A.D. 37- A.D. 68) 황제 시대의 자유민이었던 에파프로디토스(Epaphroditus)[1]의 노예로 로마에 등장하기 전까지, 그의 초기 이력은 알려져 있지 않다. 전해오는 이야기에 따르면, 그에 관한 기록에 유일하게 남아 있는 신체적 특징인 절름발이는 그의 주인이 가한 고문 때문이었다.

에픽테토스는 무소니우스 루푸스(Musonius Rufus)[2]의 강의를 들으며 스

1 네로의 노예로 지내다가 자유민 신분이 되어 한때 에픽테토스를 소유했으나 네로의 자살을 막지 못했다는 이유로 처형당했다.

2 A.D. 1세기에 활동한 스토아 학파 철학자이다. 네로 황제가 통치하던 시기에 로마에서 철학을 가르쳤다. 에픽테토스의 스승으로 여겨진다.

토아 철학[3]의 원리들을 잘 알게 되었던 것 같다. 자유의 몸이 된 뒤로, 에픽테토스는 로마에서 스토아 철학을 가르치는 선생이 되었다. 도미티아누스(Domitianus) 황제가 A.D. 90년경에 이탈리아에서 모든 철학자들을 추방했을 때, 에픽테토스는 이피로스 지방[4]의 니코폴리스로 가서 거기서 가르치는 일을 이어갔다.

그가 글로 남긴 것은 아무것도 없다. 그의 말이 후세에 전해지게 된 것은 순전히 그의 제자였던 그리스 철학자이자 역사가인 아리아노스(Arrianus)의 덕분이다. 아리아노스는 스승의 강의와 대화를 『강의』(Discourses)와 『어록』(Encheiridion)이라는 제목으로 묶었으며, 『에픽테토스의 지혜』는 이 책들의 핵심적인 내용을 모은 책이다. 그가 세상을 떠난 때와 그의 죽음을 둘러싼 상황에 대해선 알려진 것이 없다.

에픽테토스는 스토아 철학이 제시하는 도덕의 탁월한 권위자였다. 그가 중점적으로 강조한 사항은 인간은 누구나 외부 환경으로부터 완전히 독립을 이루려고 노력해야 하고, 내면에서 행복을 발견할 줄 알아야 하고, 영혼 속의 '이성'의 목소리를 존중하는 것을 의무로 여겨야 한다는 것이다. 시대를 통틀어, 에픽테토스만큼 강력하게 사람들을 고무하고 기운나게 했던 도덕 선생은 드물었다. 그의 발언의 강장제 같은 성격은 그의 시대 이후로 기독교도와 이교도로부터 똑같이 인정을 받았다.

3 그리스 철학자 제논(Zenon)이 B.C. 4세기 말에 창시한 철학의 한 학파. 금욕과 극기를 통해 자연에 순종하는 생활을 이상으로 여겼다.

4 고대 그리스 서부의 지방을 말한다. 오늘날 그리스 북서부와 알바니아 남부 지방에 해당한다.

에픽테토스의 지혜

1

자연의 경이로운 작품들은 일단 논외로 하고, 자연의 아주 작은 작품들에 대해서만 생각해 보도록 하자. 인간의 턱에 난 털보다 쓸모가 덜한 것이 있을까? 그런데 자연은 이 털을 너무도 적절히 이용하고 있지 않는가? 자연은 이 털을 이용해 남녀를 구별하고 있다. 그 털로 인해 모든 남자는 멀리서도 자신이 남자라는 사실을 선언한다. 여자의 경우에 턱수염을 박탈당한 대신에 목소리에 부드러움을 얻었다.

당신은 "인간에게는 구별의 표시가 없어야 한다."고 말할 수 있다. 모두가 똑같이 "나는 한 사람의 인간이다."라고 말할 수 있으면 그만이라는 뜻이다. 그렇지만 그 표시가 매우 아름답고 적절하고 훌륭하지 않은가? 수탉의 볏보다 훨씬 더 아름답고, 수사자의 갈기보다 훨씬 더 잘 어울리지 않는가? 따라서 우리는 신이 준 표시들을 간직해야 하며, 그것들을 팽개쳐서도 안 되고 남녀 구별에 혼동을 일으켜서도 안 된다.

신이 우리에게 안긴 작품들이 이런 것들뿐인가? 우리가 어떤 말로 그것들을 충분히 칭송하고 가치에 따라 설명할 수 있겠는가? 우리에게 이해력이 있다면, 어찌 우리가 공동으로나 개별적으로 신을 찬미하고, 신에게 감사하고, 신의 경이로운 행위에 대해 언급하는 일을 게을리할 수 있겠는가? 땅을 파든, 밭을 갈든, 음식을 먹든, 우리는 늘 이런 찬가를 불러야 하리라. "신은 위대하도다! 우리에게 땅을 경작할 도구를 주었으니! 신은 위대하도다! 우리에게 손을 주고, 또 우리에게 음식을 삼키고, 소화시키고, 심지어 잠을 자는 동안에도 저절로 성장하고 호흡할 능력까지 주었으니!"

이것이 우리가 지금까지 늘 불러왔던 노래이다. 그리고 매우 장엄하고 신성한 이런 찬가도 불렀지. "신은 위대하도다! 우리에게 이런 것들을 이해하고 적절히 이용할 수 있는 마음까지 주었으니!"

그런데 어쩌나! 대부분의 사람들이 이것을 이해하지 못하고 있으니! 이 같은 사실을 감안한다면, 모든 인간을 대신하여 신을 찬미하는 노래를 부를 누군가가 있어야 하지 않겠는가? 늙고 절름발이인 내가 신을 찬미하는 노래를 부르는 일을 맡는 외에 달리 무엇을 할 수 있겠는가? 만일 내가 나이팅게일이라면, 나는 나이팅게일처럼 해야 한다. 내가 백조라면, 나는 백조처럼 해야 한다. 그러나 나는 이성적인 존재이기 때문에 신을 위해 노래해야 한다. 그것이 나의 임무이다. 나는 이 임무를 수행해야 한다. 나에게 이 자리를 지키는 것이 허용되는 한, 나는 절대로 그 자리를 버리지 않을 것이다. 그리고 당신에게도 이 찬가를 부르는 일에 동참할 것을 요구한다.

2

만물은 전체를 고려하며 각자의 자리에서 제 역할을 수행하고 있는데, 인간들은 어떻게 행동하는가? 인간들은 마치 자기 나라로 가는 길에 깔끔한 여관에서 하룻밤을 묵었다가 그만 그곳에 매료되어 거기다가 거처를 정하는 여행객처럼 행동한다.

"친구야, 당신은 그만 목표를 망각하고 말았군! 당신은 이 여관을 향해 여행하고 있었던 것이 아니야. 이곳은 당신의 목적지가 아니야. 거기로 가는 길에 위치한 한 지점일 뿐이야."

"그렇지만 이 여관이 아주 쾌적한 걸."

"당신이 가는 길에 쾌적한 곳이 어디 여기 한 곳뿐이겠는가. 평화로운 초원도 아주 많아. 그래도 그런 곳은 당신이 그냥 지나치는 곳일 뿐이야. 당신의 목적지는 따로 있어. 당신은 당신의 나라로 가서, 당신의 동족이 걱정에서 놓여나도록 하고, 한 사람의 시민으로서 져야 할 의무를 다하는 거야. 여자를 만나 결혼하고, 자식들을 낳고, 지명된 관직을 맡아 수행해야 해. 당신은 가장 편안한 곳을 고르기 위해 온 것이 아니라, 한 사람의 시민으로 태어난 곳에서 살기 위해 왔어."

3

삶이 제공하는 모든 것을 즐기되, 그 즐거움을 남들과 나누도록 하라.

4

나에게는 기쁘게 해 줘야 하고, 복종해야 하고, 나 자신을 완전히 맡겨야 하는 존재가 한 분 계신다. 바로 신이다. 또 그분과 가까운 사람들[5]도 있다. 그분은 나에게 자유 의지를 주었다. 그분은 내가 나의 의지로 나 자신을 통제할 수 있도록 허용했으며, 나의 의지를 올바르게 이용하는 데에 필요한 규칙을 제시했다.

5 선하고 정의로운 사람들을 말한다.

5

무소니우스 루푸스는 이렇게 말하곤 했다.

"만약 여러분에게 나를 찬양할 시간이 있다면, 지금 내가 하는 말은 아무런 가치를 지니지 않아!"

그때 그가 우리의 마음 속을 훤히 들여다보고 있는 것처럼 말했기 때문에, 거기 앉아 있던 우리 모두는 누군가가 루푸스 앞에서 자신을 비판한 것이 틀림없다고 생각했다. 왜냐하면 루푸스가 당시에 우리가 하고 있던 행동을 너무나 정확히 꼬집으며, 우리 모두의 잘못을 각자의 눈앞에 아주 선명하게 드러내 보였기 때문이다.

6

우리가 이 땅 위에 존재하고, 또 자신의 육체뿐만 아니라 동료들과도 밀접히 연결된 상태에서 지내고 있는데 어찌 외적인 것에 방해를 받지 않을 수 있겠는가?

그러나 신은 뭐라고 하는가?

"에픽테토스여, 가능했다면, 내가 그대의 육체와 그대의 소유물을 아무런 방해를 받지 않고 자유롭도록 만들었을 것이지만, 실상은 그렇지 않으니, 속지 않도록 해. 그대의 육체는 그대의 것이 아니고, 그 육체는 적당히 반죽된 점토에 지나지 않아. 그러나 그대를 완전히 독립적인 존재로 만들 수 없었기 때문에, 대신에 내가 그대에게 나의 일부를 주었네. 그대에게 욕망하고, 거부하고, 추구하고, 피할 수 있는 능력을 주었다는 뜻이야. 한마디로, 감각과 관련 있는 모든 것을 다룰 능력을 주었어. 만약 그대가 이 능력을 간과하지 않고 그것으로 그대의 모든 것을 다스린다면, 그대가 해이해지거나 방해 받는 일도 없을 것이고 한탄하는 일도 없을 거야. 그대에게 일어나는 일로 남을 탓하거나 칭송하는 일도 없을 거야. 그대는 무슨 생각을 하는가? 이것이 그대에게는 사소해 보이는가?"

신이 용납하지 않아! "그것으로 만족하도록 해!"

그래서 나는 신들에게 기도를 올린다.

7

안티스테네스(Antisthenes)[6]가 뭐라고 했는가? 당신은 그의 말을 들어본 적이 없는가?

"오, 키루스(Cyrus)[7]여, 덕 있게 행동하고도 악담을 듣는 것이 왕의 운명이니라."

6 자연과의 일치를 강조하는 키니코스 학파(견유학파)의 창설자(B.C. 445?-B.C. 365?)이다.

7 B.C. 6세기의 페르시아의 지도자이며, 이란인들에게 건국의 아버지로 통하는 키루스 2세를 말한다. 그의 통치 기간에 페르시아는 서남아시아와 중앙아시아, 인도에 이르는 대제국으로 성장했다.

8

이성적인 행위인지 비이성적인 행위인지를 결정하기 위해서, 우리는 외적인 것들만을 기준으로 삼을 것이 아니라 각 개인에게 적절한 것이 무엇인지도 기준으로 삼아야 한다. 어떤 사람에게는 타인을 위해서 침실용 변기를 들어주는 것이 이성적인 행위일 수 있다. 그 사람이 변기를 들지 않을 경우에 감옥에 갇히고 먹을 것을 얻지 못할 수 있지만 변기를 들 경우에 힘든 일을 겪지 않을 것이기 때문이다. 그러나 다른 사람에게는 변기를 드는 행위 자체가 견딜 수 없는 일로 여겨질 뿐만 아니라, 타인이 자신을 위해 그런 행위를 하는 것까지도 용납할 수 없는 일로 여겨진다.

그래서 만약에 당신이 남을 위해 침실용 변기를 들어야 하는지에 대해 내게 묻는다면, 나는 먹을 것을 얻는 것이 먹을 것을 얻지 못하는 것보다 더 가치 있는 일이고, 처벌을 받는 것은 벌을 받지 않는 것보다 더 큰 모욕이라고 대답할 것이다. 그러므로 만약 당신이 이런 것들을 기준으로 당신의 이익을 계산한다면, 당신은 거기 가서 침실용 변기를 들어야 한다. 당신이 "그래도 나를 그렇게까지 낮출 필요는 없어."라고 말한다.

"거참, 그런 것까지 고려하도록 물은 것은 당신입니다. 내가 그랬던 것이 아닙니다. 당신 자신에 대해 아는 사람도 당신이고, 당신이라는 사람이 당신 자신에게 얼마의 가치를 지니는지를 아는 사람도 당신이고, 당신을 얼마에 팔 것인지를 아는 사람도 당신입니다. 사람들은 저마다 자신을 다른 가격에 팔고 있습니다."

그렇기 때문에, 플로루스(Florus)[8]가 네로 황제의 쇼에서 공연할 것인지를 놓고 깊이 고민할 때, 파코니우스 아그리피누스(Paconius Agrippinus)[9]는 "어떤 일이 있어도 동참하도록 하라."고 대답했다. 그때 플로루스가 "그러는 당신은 왜 안 하는데?"라고 묻자, 아그리피누스는 "나는 그런 질문 자체를 하지 않으니까."라고 대답했다. 그런 질문을 놓고 생각하며 스스로 품위를 떨어뜨리면서 외적인 일의 가치를 따지는 사람은 자신이 어떤 부류의 인간인지를 절대로 망각하지 않는다. 당신이 나에게 죽음이 더 나은지, 삶이 더 나은지 묻는 이유가 무엇인가? 당연히, 나는 삶이 더 낫다고 대답한다. 고통이 더 나으냐, 쾌락이 더 나으냐고? 나는 쾌락이 더 낫다고 대답한다.

"만약 내가 가담하지 않으면, 처형당하게 될 겁니다."

"그러니 가서 동참하도록 하시오! 그래도 나라면, 그런 짓을 하지 않을 겁니다."

"왜 안 합니까?"

"당신은 당신 자신을 옷감을 이루고 있는 수많은 실들 중 하나로 여기고 있습니다. 당신은 평범한 남자가 되려 하고 있습니다. 당신의 실이 다른 실들에 비해 두드러지려는 야망을 전혀 보이지 않듯이 말입니다. 그러

8 유대의 마지막 행정장관 게시우스 플로루스(Gessius Florus)를 말하는 것으로 짐작된다.

9 B.C. 1세기에 활동한 스토아 학파 철학자.

나 나는 스스로 자주색이 되기를 바라고 있습니다. 나머지를 결점 없고 아름답게 돋보이도록 만드는, 작지만 빛나는 부분 말입니다. 그런데 당신이 나에게 대다수 사람들과 똑같이 행동하라고 요구하는 이유가 뭡니까? 그러면 내가 더 이상 자주색이 되지 못하고, 한 사람의 개인이 되지 못하지 않습니까?"

9

어떤 사람이 우리 모두가 신에 의해 특별히 창조되었다는 것을, 그리고 그 신이 신들의 아버지일 뿐만 아니라 우리 인간들의 아버지이기도 하다는 것을 진정으로 깨닫는다면, 그 사람은 절대로 자신을 비열하거나 비천한 존재로 여기지 않을 것이다.

만약 카이사르(Gaius Julius Caesar: B.C. 100-B.C. 44)가 당신을 양자로 택한다면, 당신의 거만한 모습은 가히 꼴불견일 것이다. 그럴진대, 신의 아들이라는 것을 깨달을 때, 당신이 행복하지 않을 수 있겠는가?

그러나 오늘날 우리는 그 문제를 그런 식으로 보지 않는다.

세상에 태어날 때, 우리는 두 가지가 서로 결합된 상태에 있다. 말하자면, 동물들과 공유하는 육체와, 신들과 공유하는 추론과 사고의 능력이 결합된 상태로 태어난다는 뜻이다. 그런데 많은 사람들은 어리석은 동물들 쪽으로 나아가고, 극소수의 사람들만이 신으로부터 물려받은 신성한 유산을 추구하며 행동한다.

그런 식으로 방향이 한 번 정해지기만 하면, 그 후로는 모든 사람이 무슨 일이든 그 관점에 따라 다루게 된다. 따라서 태생적으로 충직하고 겸손하고 사물들을 실제 모습 그대로 보는 극소수의 사람들은 자신을 절대로 비열하거나 천박한 존재로 여기지 않는다. 그러나 대다수의 사람들은 정반대의 모습을 보인다. 그들은 스스로 비참한 육신을 가진 한 사람의 불행한 개인에 불과하다고 생각한다. 참으로 불행한 일이 아닐 수 없다.

그러나 당신은 하찮은 육체보다 더 훌륭한 것을 갖고 있다. 그런데 왜 육체에만 매달리고, 그것보다 더 훌륭한 것을 무시하는가?

10

당신은 생명 없는 육체에 갇힌 가엾은 영혼일 뿐이다.

11

일전에 나의 집의 수호신들을 모신 제단 옆에 쇠로 만든 등(燈)을 하나 놓아 두었다. 그런데 문소리가 들리기에 급히 나가 보았더니 누군가가 그 등을 훔쳐 가고 있었다. 내가 그 절도 행위의 진상을 파악하는 데에는 그리 깊이 생각할 필요조차 없었다. 나는 이렇게 말했다.

“친구야, 내일은 흙으로 만든 등을 발견하게 될 걸세. 무엇을 소유했든, 소유한 사람에게는 가진 것을 잃을 일밖에 없으니 말이네.”

12

내가 등(燈)을 잃은 이유는 도둑이 그것에 눈길을 나보다 더 빈틈없이 줄 수 있었기 때문이다. 그러나 도둑은 그 등에 대해 값을 치러야 했다. 그것을 손에 넣기 위해 도둑이 되어야 했으니까. 그렇다면 그가 치른 등의 값은 자신이 범죄자가 되는 것이었다.

13

신은 인간을 자기 자신과 자신의 행위를 면밀히 살피는 존재로 창조했다. 그것도 그냥 살피기만 하는 것이 아니라, 자신의 행위를 해석하며 살아가도록 했다. 따라서 사람이 동물이 시작하는 곳에서 시작하여 동물이 떠나는 지점에서 떠나는 것은 수치스런 일이 아닐 수 없다.

인간이 시작하는 곳은 틀림없이 동물의 세계이지만, 인간은 자연이 우리 안에 준비해 둔 것을 발견하는 때에 동물의 세계에서 벗어나야 한다. 자연이 우리에게 준 재능은 바로 고찰과 이해의 능력이고, 자연과 조화를 이루는 가운데 삶을 살 줄 아는 능력이다. 당신이 이런 능력을 확실히 이해하지 못한 상태에서 세상을 떠나는 일은 없어야 한다.

14

당신은 피디아스(Phidias)[10]의 작품을 보기 위해 올림피아[11]로 여행한다. 모든 사람이 죽기 전에 그의 작품을 보지 못하는 것을 불행으로 여긴다. 그러나 당신이라는 신의 작품을 보기 위해서는 멀리까지 여행할 필요도 없다. 당신은 바로 신의 작품 앞에 서 있다. 그런데도 당신은 그 작품에 대해 깊이 생각하지도 않고 작품을 두루 살피지도 않을 것인가?

당신은 당신이라는 인간이 누구인지, 또는 당신이 태어난 목적이 무엇인지, 또는 당신에게 사고하는 능력이 주어진 목적이 무엇인지 알고 싶지 않은가?

"그렇지만 인생길에 불쾌한 일도 많고 참기 힘든 일도 많아요."

그러면 올림피아에는 불쾌하고 힘든 일이 없는가? 뜨거운 열기에 살갗이 검게 타지 않는가? 군중 속에서 비좁고 갑갑한 상황에 처하지 않는가? 목욕하는 것도 여간 불편한 일이 아니지 않는가? 비가 내리기라도 하면 흠뻑 젖어야 하지 않는가? 소음과 외침과 그와 비슷한 다양한 귀찮은 일을 참아내야 하지 않는가? 나는 당신이 이 모든 일을 피디아스의 작품의 장엄함과 비교하며 인내심 있게 견뎌낼 것이라고 짐작한다.

그래서 어쩌겠다는 것인가? 당신은 당신에게 닥치는 모든 일을 인내할 수 있는 능력을 받지 않았는가? 굳건한 가슴과 용기와 불굴의 정신을 받

10 B.C. 5세기에 활동한 그리스의 조각가이자 화가, 건축가.

11 그리스 펠로폰네소스 반도의 작은 도시로, 고대 올림픽 경기가 열린 곳이다. 이곳의 제우스 신전에 피디아스가 제작한 거대한 제우스상이 있었다.

지 않았는가? 만약 내가 굳건한 가슴을 가졌다면, 왜 나에게 일어나는 일에 신경을 쓰겠는가? 어떤 일이 나를 낙담시키거나 방해할 수 있겠는가? 또 어떤 일이 힘들어 보일 수 있겠는가? 나에게 닥치는 일에 대해 불평하거나 비통해 할 것이 아니라, 나에게 주어진 능력을 원래의 목적을 위해 써야 하지 않겠는가?

15

철학자들이 신과 인간의 친족 관계에 대해 하는 말이 진실이라면, 인간들은 소크라테스(Socrates)와 똑같이 할 수 있어야 한다. 사람들이 어느 나라 사람이냐고 물으면, 당신은 "아테네 시민이나 코린트 시민"이라고 대답할 것이 아니라, "세계 시민"이라고 대답해야 한다.

16

세상의 이치를 터득하고, 신과 인간들로 이뤄진 이 공동체가 모든 것들 중에서 가장 중요하고, 가장 위대하고, 가장 포괄적이라는 것을 배우고, 생명의 불꽃은 신으로부터 나의 아버지와 할아버지에게만 아니라 이 땅 위에서 태어나 자라는 모든 생명체들에게 내려온다는 것을 배운 사람이라면, 자신을 세계 시민이라고 부르지 않을 이유가 있는가? 특히 이성을 가진 인간에게는 신의 특별한 불꽃이 주어지지 않는가? 인간만이 이성을 통해 신과 결합하고, 따라서 신과 영적 교감을 나누기에 가장 적합하기 때문이다.

그런 인간이라면 신의 아들이 아닌가? 그가 인간들 사이에서 벌어지는 일을 두려워해야 할 이유가 무엇인가? 카이사르를 비롯한 로마의 위대한 인간들과 끈이 닿는 사람들도 안전과 배려를 확신하며 걱정을 완전히 놓아 버리지 않는가? 그럴진대, 당신이 당신의 창조자로서, 당신의 아버지로서, 당신의 친족으로서 신을 두게 된다면, 틀림없이 당신은 온갖 슬픔과 두려움으로부터 해방되지 않겠는가?

17

나 같이 늙은 사람이 여기 앉아서 당신이 당신 자신에 대해 부정적으로 생각하거나 말하지 않도록 조언하고 있을 필요는 없을 것 같다. 그러나 나는 젊은이들이 신과 어떤 관계를 맺고 있다는 것을, 또 자신이 육체와 육체의 욕망에 갇혀 옴짝달싹 못하고 있다는 것을 깨닫고는 자신의 육체를 무거운 짐으로 여겨 벗어던지고 가족의 곁을 떠나는 일이 없도록 막고 싶다. 이것이 당신의 스승과 지도자가 그런 호칭으로 불릴 만큼 자질을 갖췄을 경우에 떠안게 되는 과제이다.

당신은 스승에게 가서 이렇게 말할 수 있다.

"에픽테토스 선생님, 우리는 이 비참한 육체에 갇혀 지내는 현실을 더 이상 참지 못하겠습니다. 매일같이 음식을 먹이고, 물을 주고, 잠을 재우고, 깨끗이 씻어 줘야 하니 말입니다. 육체의 요구 때문에 이 사람에게도 허리를 굽혀야 하고 저 사람에게도 허리를 굽혀야 합니다. 이런 것은 신경 쓸 가치조차 없는 일이지 않습니까? 그런 일들은 우리에게 어떤 의미도 지니지 못하지 않습니까? 그리고 죽음이 악은 아니지 않습니까? 그리고 우리와 신은 친족이 아닙니까? 우리는 신에게서 오지 않았습니까? 우리가 온 곳으로 돌아가서, 우리를 가두고 억압하는 이 사슬로부터 해방되어야 하겠습니다. 이곳에는 도둑과 강도와 법원이 있고, 또 폭군이라 불리는 자들이 있습니다. 이 폭군들은 우리의 비참한 육체와 육체의 요구 때문에 우리에게 권력을 행사할 수 있다고 생각합니다. 이 폭군들에게 누구에게도 권력을 행사하지 못한다는 점을 보여줘야겠습니다."

18

앞의 호소에 대해 나는 이렇게 대답한다.

"친구들이여, 신을 기다려야 합니다. 신이 여러분에게 신호를 보내며 이곳에서의 시간이 끝났다고 말할 때, 여러분은 신에게 갈 수 있습니다. 그러나 지금은 신이 정해 준 상황을 견뎌내는 것이 여러분의 임무입니다. 여러분은 짧은 시간 동안만 이곳에 머물 뿐이며, 그것은 견디기로 작정한 사람에게는 쉽게 참아낼 수 있는 일입니다. 육체를 무가치한 것으로 여기는 사람들에게 어떤 폭군이, 어떤 강도가, 어떤 법원이 두려움을 안길 수 있겠습니까? 여러분은 여기 이곳에 남아 있어야 하며, 여러분의 시간이 오기 전에 떠나는 일은 없어야 합니다."

19

스승이 순진한 젊은이들에게 가르쳐야 하는 것은 그런 것이다. 그런데 스승은 실제로 어떤 것을 전하고 있는가?
스승도 활력 없는 육체이고, 여러분도 활력 없는 육체들이다. 여러분은 오늘 충분히 먹고 나면 그 자리에 앉아서 내일 먹을 양식에 대해 걱정한다. 노예 같으니! 먹을 음식이 있으면 행복하고, 먹을 것이 없으면 죽으려 하다니.
천국의 문은 언제나 열려 있는데, 왜 슬퍼하고 한탄하는가? 눈물을 흘릴 이유가 있는가? 여러분은 왜 서로 아부하는가? 왜 서로 시기하는가? 그리고 많은 것을 가졌거나 권력을 잡은 사람들에게, 특히 강하고 과격한 사람들에게 외경심을 품는 이유가 무엇인가? 그들이 우리에게 어떤 행동을 할 수 있는가? 그들이 왜 그런 행동을 할 수 있는가? 그들이 할 수 있는 행동을 우리는 무시할 것이다. 우리가 관심을 두는 것에 그들은 아무런 영향력을 행사하지 못한다. 이런 식으로 생각하는 사람을 누가 지배할 수 있단 말인가?

20

앞에서 말한 이런 문제들과 관련해서 소크라테스는 어떻게 처신했는가? 그가 자신이 신들의 친족이라는 것을 절대적으로 확신하는 사람처럼 행동하지 않고 달리 어떻게 행동할 수 있었겠는가?

21

사자와 히드라, 멧돼지, 그리고 무도한 인간들을 처치하거나 몰아냈던 헤라클레스의 예를 떠올리면서, 당신이 갖춘 능력에 대해 깊이 생각한다면, 당신은 이렇게 말해야 한다.

"오, 신이시여, 당신이 뜻한 어떤 시련이든 지금 나에게 닥치게 하십시오. 나에게는 당신이 준 능력과 힘이 있습니다. 나에게 일어나는 일이라면 무엇이든 멋지게 해 낼 수 있습니다."

그런데 실상은 전혀 그렇지 않다. 당신은 저기 우두커니 앉아서 어떤 일이 일어날까 두려워하며 떨고 있고, 정작 일이 닥치면 한탄하고 불평을 터뜨린다. 그러다가 급기야 신들을 비난하기에 이른다. 만약 당신의 영(靈)이 그 정도로 초라하다면, 거기선 한 가지 결과밖에 나오지 않는다. 바로 불경(不敬)이다.

그럼에도 신은 우리에게 일어나는 모든 일을 우리가 짓눌리지 않는 상태에서 적절히 처리할 수 있는 능력을 주었을 뿐만 아니라, 어진 왕과 아버지처럼, 그 능력을 우리가 원하는 대로 사용할 수 있도록 아무런 제한 없이 주었다. 말하자면, 신 자신에게 우리를 구속하거나 저지할 어떤 권력도 남겨놓지 않고 온전히 다 내주었다.

그러나 당신은 이 모든 능력을 아무런 대가를 지불하지 않고 소유한 가운데 자신이 원하는 대로 사용할 수 있음에도 불구하고 그렇게 하지 않고 있다. 당신은 당신에게 주어진 것이 무엇이며, 또 그것이 어디서 오는지를 알려고도 하지 않고 그냥 앉아서 한탄만 하고 있다.

여러분 중 일부는 그 능력이 어디서 오는지를 모르고, 따라서 그런 은혜를 베푼 존재에게 감사하는 마음을 품지 않는다. 또 일부는 너무도 야비한 방식으로 신을 비판하거나 불평한다.
당신이 용감하고 가슴이 따뜻한 사람이 되는 데에 필요한 능력을 나는 당신에게 쉽게 보여줄 수 있다. 그러니 당신은 신을 비판하고 비난하는 근거를 나에게 보여주기를!

22

만약 신이 자신의 본성 중에서 우리 인간에게 떼어 준 그 부분을 신 자신이나 다른 존재에게 통제당하도록 했다면, 그는 신일 수도 없고 우리를 제대로 보살피지도 못할 것이다. … 당신이 무엇이든 선택할 수 있는 입장이라면, 그런 당신은 자유로운 몸이다. 그때 당신은 당신 아닌 다른 사람을 탓하지도 못하고 비난하지도 못한다. 모든 것은 당신의 마음에 따라 일어나고, 신의 마음에 따라 일어난다.

23

인간의 발달이 옴짝달싹 못 하게 되는 길은 두 가지이다. 한 가지 길은 인간의 이해력이 화석처럼 굳어지는 것이고, 다른 한 길은 수치심이 화석처럼 굳어지는 것이다. 어떤 사람이 평범한 진리를 인정하기를 극구 부인하며 진리가 아닌 것이 너무도 분명한 무엇인가를 고수할 때, 발달이 굳어지는 현상이 나타난다.

우리 대부분은 육체의 고행을 무서워하며, 그런 고통을 피하기 위해서라면 어떤 수고도 아끼지 않으면서도 영혼의 고행에 대해서는 전혀 신경을 쓰지 않는다. 정말로, 영혼에 대해 말하자면, 만약 어떤 사람이 무엇인가를 이해하지 못하는 상태에 처한다면, 나는 그 사람이 그릇된 길로 들어섰다고 생각한다. 그런데 우리는 수치심과 겸손을 깡그리 무시하는 사람을 엉뚱하게도 과단성 있는 사람이라고 높이 평가한다.

24

우리도 로마의 노인들이 자신의 일에 관심을 쏟는 만큼 각자의 일에 전념한다면 아마 뭔가를 성취해낼 것이다.

나는 나보다 나이가 많은 어떤 남자를 알고 있다. 지금 로마의 곡물 시장에서 지배인 노릇을 하고 있는 사람이다.

그가 이 길로 망명에서 돌아오던 때를 나는 뚜렷이 기억하고 있다. 당시에 그 사람은 그때까지 살아온 삶에 대한 이야기를 들려주었다. 그러면서 그는 앞으로 원하는 것은 말년을 조용히 평화롭게 지내는 것뿐이라고 했다. 그는 "이제 여생이 남아 봤자 얼마나 남았겠어!"라고 큰소리쳤다.

그때 나는 그에게 이렇게 말했다.

"뜻대로 되지 않을 겁니다. 로마로 돌아가는 즉시, 당신은 그런 생각을 깡그리 잊게 될 것입니다. 어쩌다가 궁정으로 다시 들어갈 기회를 잡기라도 한다면, 당신은 억지로라도 거기로 들어가며 신에게 감사하게 될 것입니다."

그러자 그 사람은 이렇게 대답했다.

"에픽테토스여, 혹시 내가 궁정 안으로 발을 한 걸음이라도 떼는 것이 확인된다면, 나에게 어떤 욕을 해도 달게 듣겠소."

그런데 훗날 드러났듯이, 그렇게 다짐했던 그가 어떻게 처신했는가? 그는 로마로 들어가기도 전에 황제가 보낸 사자(使者)를 만났다. 그는 황제의 전갈을 받은 즉시 나에게 했던 말을 완전히 잊고 말았다. 그 후로 그는 온갖 방법으로 재산을 축적했다. 나는 그의 옆에 서서 그가 이곳을 지나치며 한 말을 상기시키며 내가 그보다 훨씬 더 훌륭한 예언가라는 사실을 강조하고 싶었다.

그렇다면, 지금 내가 삶을 적극적으로 살면 안 된다고 말하고 있는가? 그런 뜻과는 거리가 멀다. … 그러나 타인들의 행위와 자신의 행위는 아주 많이 달라 보인다. … 타인들의 행위는 그냥 슬쩍 보기만 해도 당신의 눈에 확 들어온다. 그들은 온종일 계산을 하고, 계획을 짜고, 곡물과 땅을 거래해서 최대한의 이익을 끌어내는 방법을 상담하기 위해 모임을 갖는 외에는 아무 일도 하지 않는 것처럼 보인다. … 그러나 나는 당신에게 세상의 질서가 어떻게 되어 있는지를, 생각하는 존재는 세상에서 어떤 자리를 차지하는지에 대해 깊이 생각하고 배울 것을 권한다. 또 당신 자신이 어떤 존재인지, 당신의 선한 측면과 악한 측면은 어떤 것인지를 알려고 노력하라고 권하고 싶다.

25

대부분의 사람들로부터 불행하다는 소리를 듣던 사람이 나에게 자기를 대신해서 로마로 편지를 써달라고 부탁했다. 그 사람은 한때 부유하고 막강했으나 지금은 모든 것을 잃고 이곳에서 살고 있다. 그래서 나는 그의 처지를 고려해서 겸손이 묻어나는 방향으로 편지를 썼다.
그러나 내가 쓴 편지를 읽은 그 사람은 "당신의 도움을 청했지, 당신의 동정을 바랐던 것이 아니었습니다. 나에게 불행한 일은 전혀 없었어요."라며 편지를 돌려주었다.

26

진정한 가르침이라면 당신이 당신 자신에게 일어나는 모든 일에 만족하도록 이끌 수 있어야 한다.
그리고 그 일들은 어떻게 일어나는가? 신의 명령에 따라 일어난다. 신은 전체의 조화를 위해서, 여름과 겨울, 넘침과 모자람, 선과 악 같은 온갖 상반된 것들이 존재하도록 정해두었다.

27

외적 소유물을 잃을 때마다, 당신은 그것 대신에 다른 것을 얻게 된다는 사실을 기억하라. 그리고 새로 얻은 것이 더 가치 있다면, 뭔가를 잃었다는 식으로 생각하지 않도록 하라.

28

신들에 대해 말하자면, 신의 존재 자체를 부정하는 사람들이 있다. 또 신이 존재하긴 하지만 세상의 일에도 관여하지 않고 어떤 계획도 갖고 있지 않다고 말하는 사람들이 있다. 세 번째 집단은 신이 존재하고 일들을 사전에 계획하지만, 어디까지나 천상의 중대한 일을 계획하지 이 땅의 일에 대해서는 어떤 것도 계획하지 않는다는 입장을 보인다. 네 번째 집단은 신이 천상의 일뿐만 아니라 이 땅의 일까지도 계획한다고 인정하지만, 신은 전체적인 차원에서만 관여하지 개인적인 차원에서는 관여하지 않는다고 생각한다.

오디세우스와 소크라테스가 속한 다섯 번째 집단은 이렇게 외친다. "당신은 내가 하는 모든 것을 알고 계십니다!"

29

이 모든 것들을 고려한 뒤에, 선하고 진실한 사람은 우주를 지배하는 신에게 복종한다. 선한 시민들이 국가의 법에 복종하듯이.

가르침을 얻기를 원하는 사람은 이런 태도를 취해야 한다. 어떻게 해야 내가 모든 일에서 신을 따를 수 있고, 신의 지배에 만족할 수 있고, 나 자신이 자유로울 수 있을까?

자신에게 일어나는 모든 일이 자신의 의지에 따라 일어난다고 생각하는 사람, 그리고 그 누구도 방해하지 못하는 사람이야말로 진정으로 자유로운 사람이다.

이 말은 곧 자유가 광기라는 뜻인가? 그런 것은 신이 용납하지 않는다. 광기와 자유는 함께 존재하지 못한다.

"그러나 내가 욕망하는 모든 것이 내가 바라는 방향으로 일어났으면 좋겠어." 이렇게 말하는 당신이야말로 정말 미쳤다. 당신은 자유가 엄청나게 명예롭고 소중하다는 사실을 모르는가? 임의적인 욕망을 충족시키기를 원하는 것은 고귀하기는커녕 극히 비열한 짓이다.

30

어떤 행동 지침을 고수하길 원한다면, 그 지침에 대해 매일 본인이 직접 말하거나 남들이 말하는 것을 들을 수 있어야 한다. 그렇게 하지 않는 상태에서 그 지침을 평생 실천하며 사는 것은 결코 쉬운 일이 아니다.

31

당신은 참을성이 없고, 비위를 맞추기가 힘든 존재이다.

홀로 있을 때, 당신은 그런 상황을 고독이라고 부른다. 타인들과 함께 있으면, 당신은 그들을 음모자와 도둑이라고 부르고 당신의 부모와 자식, 형제, 이웃에게서도 결점을 발견한다.

그럴 것이 아니라, 당신은 혼자 있는 상황을 평온과 자유라고 불러야 하고, 그런 상태에서 당신은 스스로를 신을 닮은 존재로 여겨야 한다. 또 여러 사람들과 함께 있을 때, 당신은 그 집단을 지겨운 군중이나 소란이라고 부를 것이 아니라 축제나 회합이라고 부르며 모든 것을 만족하는 마음으로 받아들여야 한다.

32

그렇다면, 그 모든 것을 받아들이지 않는 사람들에 대한 처벌은 무엇인가? 그 처벌은 바로 그들이 현재의 모습 그대로 남는 것이다.

홀로 있는 것에 만족하지 못하는 사람이 있는가? 그 사람을 계속 고독하게 지내도록 내버려 두라. 자기 부모에게 만족하지 않는 사람이 있는가? 그 사람이 나쁜 아들이 되어 후회하도록 내버려 두라. 자식들에게 만족하지 못하는 사람이 있는가? 그 사람이 나쁜 아버지가 되도록 그냥 내버려 두라.

"그 사람을 감옥에 가둬 버려!" 일부 사람들은 이렇게 말할 수 있다. 그런데 어떤 감옥에? 이미 감옥에 갇혀 지내는 것이나 다를 바가 없는데. 그 사람이 자신의 의지와 상관없이 억지로 거기에 있으니 말이다. 사람이 자신의 의지와 상관없이 억지로 있는 곳마다, 그 사람에게는 그곳이 곧 감옥이다. 따라서 소크라테스는 감옥에 갇히지 않았다. 그가 자신의 동의 하에 감옥에 있었기 때문이다.

33

당신이라는 존재는 우주와 비교하면 하나의 작은 점에 불과하다는 것을 아는가? 하지만 이 질문은 당신의 육체에만 해당될 뿐이다.
이성(理性)에 대해 말하자면, 당신은 신들보다 절대로 열등하지 않으며 신들만큼 중요하다. 이성의 위대함은 높이나 길이로 측정하지 않고 마음의 힘으로 측정하기 때문이다. 당신의 행복을 당신 자신을 신들과 동등하게 만드는 미덕에서 끌어내도록 하라.

34

신은 사람이 음식을 어떤 식으로 먹기를 원하는가, 라는 질문을 받았을 때, 에픽테토스는 이렇게 대답했다.

"음식을 먹으며 공평하고, 유쾌하고, 서로 나누고, 절제하고, 훌륭한 예절을 갖출 수 있다면, 그 사람은 신에게 받아들여질 수 있지 않겠습니까? 그러나 당신이 따뜻한 물을 원할 때, 당신의 노예가 대답하지 않거나, 미지근한 물을 갖다 주거나, 심지어 자리에 있지 않더라도, 그때도 신은 당신이 화를 내지 않는 것을 훌륭하다고 판단하지 않겠습니까?"

"하지만 그런 인간을 어떻게 참을 수 있습니까?"

"노예를 참아내지 못하겠다는 뜻입니까? 신을 조상으로 두었고, 심지어 똑같은 줄기에서 생겨난 자식이고, 당신처럼 높은 혈통을 가진 당신의 형제에게 관용을 베풀지 못하겠다는 말입니까? 만약 사회 안에서 당신에게 높은 지위가 주어졌다면, 그 같은 사실이 당신에게 폭군이 될 권리까지 부여했습니까? 당신이 누구인지, 누가 당신을 지배하고 있는지를 기억하고, 또 노예들도 당연히 당신의 가족이고, 당신의 형제이고, 신의 자식이라는 것을 기억해야 합니다."

"그래도 나는 노예들에 대해 값을 치렀지만, 그들은 나를 구입하지 않았습니다."

"당신은 지금 당신의 눈길이 어느 쪽을 향하고 있는지 알고 있습니까? 땅 쪽으로, 무덤 쪽으로, 죽은 자들의 비열한 법들로 향하고 있지 않습니까? 당신의 눈길을 신들의 법 쪽으로 돌려야 하지 않겠습니까?"

35

잔치에 초대 받았을 때, 우리는 자기 앞에 놓인 음식을 먹는다. 그때 누군가가 주최자에게 생선이나 달콤한 것을 식탁에 내놓으라고 요구한다면, 그 사람은 터무니없는 사람으로 여겨질 것이다. 그러나 신들에 관한 한, 우리는 신들에게 그들이 주지 않은 것을 내놓으라고 요구한다. 신들이 이미 너무나 많은 것을 주었는데도!

36

어떤 사람으로부터 사람의 행위 하나하나가 모두 신의 눈길 아래에서 행해지고 있다는 확신을 어떻게 얻는가, 라는 질문을 받았을 때, 에픽테토스는 이렇게 되물었다.

"만물이 모두 하나로 연결되어 있다고 생각하지 않습니까?"

이에 그 사람이 "그렇게 생각합니다."라고 대답했다.

그러자 에픽테토스는 이렇게 말했다.

"그렇다면, 땅 위의 것들과 하늘의 것들이 서로 이어져 있고 서로 조화를 이루고 있다고 생각하지 않습니까?"

그 사람이 "그렇다고 생각합니다."라고 대답했다.

이에 대해 에픽테토스는 이렇게 설명했다.

"그렇지 않고서야 어떻게 나무들이 마치 신이 명령한 것처럼 그렇게 규칙적으로 꽃을 피울 수 있겠습니까? 또 어떻게 나무들이 때에 맞춰 싹을 틔우고, 열매를 맺고 익힐 수 있겠습니까? 또 어떻게 나무들이 열매를 떨어뜨리고, 잎을 버리고, 발가벗은 몸으로 고요 속에 서서 휴식을 취할 수 있겠습니까? 신의 눈길이 없다면, 달이 차고 이지러질 때, 해가 가까워졌다가 물러날 때, 이 땅의 사물들에서 그와 비슷한 변화와 부침이 어떻게 일어날 수 있겠습니까? 그래서 성장하는 모든 것, 심지어 우리의 육체까지도 전체와 연결되어 있다면, 우리의 영혼은 전체와 더더욱 깊이 연결되어 있지 않겠습니까? 또 우리 모두의 영혼이 신의 부분이고 파편이라서 신과 매우 단단하게 연결되어 있다면, 신은 그 파편들의 모든 움직임을 자신의 움직임으로 느끼고, 그 파편들을 자신의 본성으로 느끼지 않겠습니까?"

37

당신이 "하지만 모든 것이 쉽게 이해되지 않아요."라고 말한다.

"아니, 누가 당신의 능력이 신의 능력과 동일하다고 했습니까?"

그래도 신은 모든 사람의 옆에 그 사람을 돌볼 수호 정령을 배치했다. 이 수호 정령은 잠도 자지 않고 속지도 않는다. 신이 우리 각자에게 할당한 수호 정령[12]이니, 얼마나 훌륭하고 또 경계를 얼마나 잘 서겠는가? 그러니 문을 닫고 어둠에 갇혀 있을 때에도, 당신은 홀로라는 말을 해서는 안 된다. 절대로 당신이 홀로 있지 않으니까. 거기에 신도 있고 당신의 수호 정령도 있다.

신과 수호 정령이 당신의 행동을 살피는 데에 무슨 빛이 필요한가? 당신은 이 수호 정령에게도 헌신하겠다고 다짐해야 한다. 군인들이 카이사르에게 충성하듯이. 군인들은 병역을 맡기로 결정할 때 카이사르의 목숨을 다른 그 어떤 것보다 더 소중하게 여기겠다고 다짐한다. 그렇듯이, 당신은 당신을 두고 경이로운 재능을 많이 누릴 자격을 갖췄다고 평가하는 신에게 헌신하겠다고 선서해야 하지 않겠는가?

선서를 한다는 것은 곧 그것을 행동으로 옮기겠다는 뜻이 아닌가? 당신은 무엇을 선서할 것인가? 당신은 신으로부터 당신에게 오는 것이면 무엇이든 따르지 않는 일도 절대로 없을 것이고, 원망하거나 불평하는 일도 절대로 없을 것이라고 맹세해야 한다. 당신의 인생길에 닥치는 일이라면 어떤 것이든 하지 않으려 들거나 겪지 않으려 드는 일은 절대로 없

12 스토아 학파의 철학자들에게 수호 정령은 각자의 이성이었다.

어야 한다.

"이 선서는 군인들의 선서와 비슷한가?"

군인들은 어떤 사람도 카이사르보다 더 소중히 여기지 않겠다고 맹세하고, 당신은 양심을 다른 어떤 것보다 더 소중히 여기겠다고 맹세한다.

38

"어떻게 하면 형이 나에게 화를 내지 않도록 할 수 있겠습니까?"

그를 나에게 데려오라. 그러면 그가 화를 내지 않도록 해 줄 것이다. 그러나 내가 당신 형의 화에 대해 당신에게 해줄 말은 아무것도 없다.

39

어떤 사람이 조언을 구하기 위해 에픽테토스를 찾았다.

“제가 원하는 것은 형이 나와 말을 하지 않으려 할지라도 나 자신은 인간의 도리를 지키는 것입니다.”

이에 대해 에픽테토스는 이렇게 대답했다.

“위대한 모든 것은 서서히 성장합니다. 이 말은 포도나 무화과에도 그대로 적용됩니다. 그래서 당신이 지금 무화과를 원한다고 말한다면, 나는 시간이 필요하다고 대답할 것입니다. 먼저 무화과나무가 꽃을 피우기를 기다려야 하고, 그런 다음에도 열매를 맺기를 기다려야 하고, 그러고도 다시 열매가 익기를 기다려야 합니다. 무화과나무의 열매가 단시간에 익지 않는 것과 똑같이, 인간의 마음에서 생겨나는 열매를 빨리 딸 수 있을 것이라고 기대할 수 없지 않겠습니까? 설령 내가 기대하라고 한다 하더라도, 마음이 맺는 열매를 하루아침에 딸 수 있을 것이라는 기대는 품지 않아야 하지 않겠습니까?”

40

에파프로디토스에게 구두 수선인이 한 사람 있었다. 그는 이 구두 수선인을 아무짝에도 쓸모가 없다는 이유로 다른 사람에게 팔아넘겼다. 그런데 훗날 이 구두 수선인이 어떤 사건을 계기로 카이사르의 측근 중 한 사람에게 팔려가서 카이사르의 구두 수선인이 되었다.

먼저, 당신은 그때 에파프로디토스가 이 구두 수선인에게 존경심을 어느 정도로 표했는지 알아야 한다. "착한 펠리키온(Felicion)[13]은 어떻게 지냅니까? 나에게 좀 알려주십시오!" 그리고 누군가가 "에파프로디토스는 뭘 하고 있습니까?"라고 물으면, 돌아오는 대답은 언제나 이랬다. "펠리키온과 이런저런 문제를 상의하고 있습니다."

아니, 에파프로디토스가 펠리키온을 아무짝에도 쓸모없다는 이유로 팔지 않았던가? 그랬던 에파프로디토스가 어쩌다 돌연 펠리키온을 현자로 판단하게 되었는가?

이런 것이 바로 당신이 신의 의지 외에 다른 것을 중요하게 여길 때 일어나는 일이다.

13 카이사르의 구두 수선인의 이름이다.

41

당신 자신이 겪고 싶지 않은 일이라면 다른 사람에게도 강요하지 마라. 당신이 노예의 처지를 피하고 싶다면, 다른 사람들을 노예로 만들지 않도록 주의하라! 만약 당신이 기어코 그렇게 하고 만다면, 사람들은 당신이 한때 노예였음에 틀림없다고 생각할 것이다. 악덕과 미덕이 완전히 다르듯이, 자유는 예속과 공통점이 하나도 없다.

42

어떤 사람이 호민관(護民官)[14]이 되면 어떤 일이 벌어지는가? 만나는 사람마다 그에게 축하 인사를 건넬 것이다. 어떤 사람은 그의 눈에 입을 맞출 것이고, 어떤 사람은 그의 목에 입을 맞출 것이고, 노예들은 그의 손에 입을 맞출 것이다.

그 사람은 집에 가서는 자신의 집 밖에 촛불이 타고 있다는 사실을 확인할 것이다. 이어서 그는 카피톨리누스 언덕으로 올라가서 제물을 바칠 것이다. 그런데 지금까지 제물을 바친 사람들 중에서, 자신이 자연이 바라는 대로 하고 있다는 사실을 아는 가운데 올바른 이유로 제물을 바친 사람이 과연 몇 명이나 될까? 솔직히, 우리는 자신의 행복이 있다고 생각하는 것들에 대해 신들에게 감사한다.

14 고대 로마 제국의 관직으로, 백성을 지키는 업무를 맡았다.

43

오늘 어떤 사람이 나에게 아우구스투스(Gaius Julius Caesar Augustus: B.C. 63- A.D. 14)[15]의 성직(聖職)[16]에 대해 이야기했다. 그래서 나는 그 사람에게 이렇게 말해주었다.

"선생님, 그런 일에는 아예 신경을 쓰지 마십시오. 쓸데없는 일에 많은 것을 허비하게 될 것입니다."

"하지만 그것은 곧 나의 이름이 모든 문서와 계약서에 기입된다는 것을 의미합니다."

"그러면 당신은 거기 서서 문서를 읽는 사람들에게 '거기 내 이름이 적혀 있소.'라고 말할 작정입니까? 그리고 지금이야 어쨌든 당신이 거기 있을 수 있다 치더라도, 당신이 죽은 뒤에는 어떻게 할 것입니까?"

"아무튼 내 이름은 거기에 여전히 적혀 있을 것입니다."

"당신 이름을 돌에 새겨도 남기는 마찬가지입니다. 그리고 니코폴리스가 아닌 다른 곳에서 당신을 기억할 사람이 있는지 생각해 보십시오."

"그러나 나는 금으로 된 관을 쓸 수 있을 것입니다."

"만약 관을 쓰기를 고집한다면, 장미로 화관을 하나 만들어 쓰도록 하십시오. 금관보다 훨씬 더 우아해 보일 것입니다."

15 로마 제국의 건설자로 B.C. 27년부터 죽을 때까지 초대 로마 황제를 지냈다.

16 고대 로마 시대의 사제단에 속한 최고 사제는 폰티펙스 막시무스(Pontifex Maximus)라 불렸다. 처음에는 종교적인 색채가 강했으나 서서히 정치적인 자리로 변하다가 율리우스 카이사르 아우구스투스가 통치 중이던 B.C. 13년부터 로마 황제의 공식 칭호로 자리잡게 되었다.

44

무엇보다, 죽음에 이르는 문은 언제든 활짝 열려 있다는 사실을 기억하라. 아이들보다 더 겁을 먹지 않도록 하라. 아이들은 놀다가 싫증이 나면 "이제 그만 놀 거야."라고 외친다. 마찬가지로 당신도 충분히 놀았다 싶으면 "이제 그만 놀 거야."라고 말하며 떠나면 된다. 그러니 당신이 떠나지 않고 이 세상에 머물려거든, 불평을 하지 않도록 하라.

45

방 안에 연기가 있는가? 조금만 있다면, 나는 머물 것이다. 그러나 연기가 자욱하다면, 나는 떠날 것이다. 당신은 이 점을 언제나 기억하고, 깊이 새겨야 한다. 죽음에 이르는 문은 언제나 열려 있다는 것을.

"당신에게는 니코폴리스에서 사는 것이 허용되지 않아!"

그럼 잘 됐지 뭐.

"아테네에서도 살지 못해."

그러면 아테네에서도 살지 않으면 되고.

"로마에서도 살지 못해."

로마에서도 살지 않으면 되고.

"당신은 갸로스[17] 섬에서 살아야 해!"

그래도 갸로스 섬에서 살아야 한다는 생각은 나에게 연기가 자욱한 방에서 사는 것처럼 다가온다. 그래서 나는 아무도 내가 살지 못하도록 막을 수 없는 곳으로 떠난다. 그곳은 모든 사람들에게 공평하게 열려 있으니!

나의 마지막 옷에 대해 말하자면, 그것은 초라한 이 육체다. 이 육체마저 빼앗아 간다면, 당신은 나에게 아무 짓도 하지 못한다. 그것이 데메트리우스(Demetrius: A.D. 1세기)[18]가 네로에게 "당신은 죽음으로 나를 위협하지만, 당신을 위협하는 것은 자연이다!"라고 했던 이유이다.

17 그리스의 안드로스 섬과 티노스 섬 근처에 있는 작은 섬. 척박한 환경 때문에 유배지로 쓰였다.

18 칼리굴라와 네로, 베스파니아누스의 시대를 살았던 키니코스 학파 철학자.

46

철학의 시작은 사람이 자신의 마음 상태를 제대로 아는 것이다. 만약 어떤 사람이 자신의 마음이 허약하다는 사실을 깨닫는다면, 그 사람은 중대한 문제를 놓고 생각하는 일에 자신의 마음을 이용하지 않으려 할 것이다. 그러나 실은, 문장 하나조차 정확히 읽어내지 못하는 사람들이 어려운 책을 구입하여 그것을 한꺼번에 소화시키려 한다. 따라서 그들은 그 책을 다시 토해내거나 소화불량으로 힘들어할 것이며, 그로 인해 그들에게 경련과 설사, 고열이 일어난다. 그들은 자신의 능력에 대해 미리 깊이 생각했어야 했는데 그렇게 하지 않았다.

47

이론적으로 보면, 무지한 사람을 설득시키는 일은 쉬워야 한다. 그러나 실제로 보면 인간들은 설득당하기를 원하지 않을 뿐만 아니라, 설득당하는 경우에 자신을 설득시킨 사람을 혐오한다. 그것이 소크라테스가 인간은 늘 자신의 삶을 면밀히 성찰해야 한다고 말한 이유이다.

48

대상들을 추구하고 대상들을 피하는 것이 당신의 능력 안에 있는데, 당신은 그것 외에 무엇에 신경을 쓰는가? 바로 그 능력이 당신의 서문이 되고, 당신의 본문이 되고, 당신의 증거가 되고, 당신의 승리가 되고, 당신의 결론이 되고, 당신의 박수갈채가 되도록 하라.

그래서 소크라테스는 재판을 준비해야 한다는 사실을 상기시키는 사람에게 이렇게 대답했다.

"자네는 내가 평생 그 일을 준비해 왔다고 생각하지 않는가?"

"어떤 준비 말입니까?"

"나는 언제나 나의 능력 안에 있는 것으로 시작했다네!"

"무슨 뜻입니까?"

"공개적으로나 비밀리에나 나는 누구에게 부당한 짓을 한 적이 한 번도 없었어."

49

그대는 지금 무슨 자격으로 앞으로 나오고 있는가?

신의 소환을 받은 증인으로서 나가고 있습니다.

신이 말한다.

"그럼, 여기 와서 나를 위해 증언을 해 주오. 그대는 나로부터 증인으로 불려나올 만큼 가치 있는 존재이니까. 좋거나 나쁜 일 중에서 그대가 통제하지 못하는 것이 있는가? 내가 어떤 인간에게라도 해를 입히고 있는가? 내가 선한 일을 할 줄 아는 인간의 능력을 본인이 아닌 다른 사람에게 주었는가? 그대는 신을 위해서 어떤 증언을 할 것인가?"

"세상의 지배자이시여, 저는 불행한 처지에 놓여 있으며, 아직 마무리를 짓지 못했습니다. 아무도 저를 돌보지 않고, 아무도 저에게 뭐든 주려 하지 않고, 모두가 저를 탓하고 험담하고 있습니다."

아니, 신은 당신이라는 사람을 신을 위해 말할 수 있을 만큼 가치 있는 존재로 여기며 당신에게 큰 명예를 안겼는데, 당신은 신의 소환에 무례하게 굴며 신 앞에서 기껏 이런 말을 하는가?

50

당신은 사람들이 당신에 대해 좋게 말하기를 원하는가? 그러면 당신부터 사람들에 대해 좋게 말하도록 하라. 사람들에 대해 좋게 말하는 법을 배웠다면, 그 다음에는 그들을 위해 좋은 일을 하도록 노력하라. 그러면 당신은 그에 대한 보상을 누릴 것이다. 그들이 당신에 대해 호의적으로 말하는 것이 보상이 아니고 무엇인가?

51

위대한 인물을 만나러 갈 때면, 당신은 다른 어떤 존재가 위에서 거기서 벌어지는 일을 다 내려다보고 있다는 것을 언제나 기억해야 한다. 그때 당신은 위대한 인물보다는 위의 그 존재를 만족시키려 노력해야 한다.

그래서 위쪽의 존재가 당신에게 묻는다.

"그대의 학교에서는 망명과 투옥과 속박과 죽음과 불명예를 뭐라고 불렀는가?"

"하찮은 것이라고 불렀습니다."

"지금은 그것들을 뭐라고 부르는가? 그것들이 변했는가?"

"전혀 변하지 않았습니다."

"그렇다면 변한 것은 그대인가?"

"아닙니다."

"그러면 하찮은 것들은 어떤 것인가?"

"우리가 통제하지 못하는 것들입니다."

"그렇다면 나에게 말해 보라. 그대는 거기서 무엇을 추론할 수 있는가?"

"나의 의지와 무관한 것들은 나에게 아무런 의미를 지니지 못한다는 가르침입니다."

"그러면 그대가 훌륭하다고 생각하는 것은 어떤 것들인가?"

"올바른 의지, 그리고 감각의 올바른 사용입니다."

"그리고 그대의 목적은 무엇인가?"

"당신을 따르는 것입니다!"

52

"소크라테스가 아테네 시민들에게 그런 식으로 다뤄졌다니, 얼마나 끔찍한 일인가!"
어리석기 짝이 없군! 당신은 왜 "소크라테스"를 들먹이는가? 그 문제의 실상에 대해 말해 보라. 소크라테스의 무가치한 육체가 끌려와서 감옥에 갇혔잖아! 독약이 소크라테스의 육체에 주어졌고, 그의 육체는 생명력을 잃고 사라졌어! 이것이 당신을 놀라게 하는가? 당신은 그 일이 부당하다고 생각하는가? 그것이 당신이 신을 공격하는 이유인가? 소크라테스는 그 일로 전혀 아무런 보상을 얻지 않았는가? 그때 그에게 이상적인 선(善)은 어디에 있었는가? 우리는 누구의 말에 귀를 기울여야 하나? 당신의 말에, 아니면 소크라테스의 말에? 소크라테스가 뭐라고 했는가?
"아니토스와 멜레토스[19]가 나를 죽게 할 수는 있지만, 나에게 해를 입히는 것은 그들의 능력 밖이라네."
소크라테스는 이런 말도 했지.
"그것이 신의 뜻이라면, 그냥 내버려두도록 하게."

19 두 사람은 청년을 타락시키고 신을 믿지 않는다는 이유로 소크라테스를 고발한 사람들이다.

53

아름다운 시민과 원로원 의원, 웅변가. 이런 젊은이들이 우리들 사이에서 태어나서 성장할 수 있도록 해달라고 우리는 기도해야 한다.

젊은이여, 내가 간청하는데, 제발 엉뚱한 행동은 하지 않기를 바란다. 이제 그대는 여러 이야기를 들었으니, 집으로 돌아가서 혼자서 이렇게 말하도록 하라.

"이런 것들을 나에게 들려준 것은 에픽테토스가 아니야. 그가 어떻게 그렇게 말할 수 있겠어? 아니, 그는 에픽테토스를 통해서 말하는 어떤 신이야. 에픽테토스였다면, 그는 나에게 그런 이야기를 들려줘야겠다는 생각을 절대로 하지 못했을 거야. 그는 평소에 누구에게도 그런 식으로 말하지 않아. 그렇다면 신의 분노를 사지 말고 신에게 복종하도록 하자."

정말로, 까마귀가 울음소리를 통해서 당신에게 어떤 메시지를 보내고 있다면, 당신에게 말을 걸고 있는 것은 까마귀가 아니라 까마귀를 빌리고 있는 신이다. 신이 어떤 인간의 목소리를 통해서 당신에게 말을 걸고 있다면, 그 사람이 그런 이야기를 들려줌으로써 당신이 신의 힘을 깨닫도록 만드는 것은 바로 신이지 않는가?

신은 어떤 사람에게는 이런 방식으로, 또 어떤 사람에게는 저런 방식으로 신호를 보낸다. 그리고 가장 중요한 문제인 경우에 신은 가장 고귀한 사자(使者)를 통해서 자신의 뜻을 보여주지 않는가?

다음과 같이 노래한 시인이 전하고자 하는 것은 그런 뜻이 아니고 달리 무엇이겠는가?

먼저, 내가 직접 그에게 말했고
빛나는 존재 헤르메스[20]까지 보내서 그에게 경고했느니,
남편을 죽이거나 아내를 유혹하지 말라!

20 고대 그리스의 신화와 종교에서 올림포스 산의 신으로 등장하며, 신들의 사자(使者)로 여겨진다. 고대 로마의 신화와 종교에서는 헤르메스의 많은 특성이 메르쿠리우스의 특성으로 통했다.

54

만약 소크라테스가 외적인 것을 지키기를 원했다면, 그가 앞으로 나서며 "아니토스와 멜레토스가 나를 죽게 할 수는 있지만, 절대로 나에게 해를 끼치지는 못해!"라는 식으로 말했을 것 같은가? 소크라테스가 그런 식의 접근이 자신의 목숨과 재산을 지키지 못한다는 사실을 보지 못할 정도로 어리석었단 말인가? 그렇다면 그가 자신의 적들을 무시하는 선에서 그치지 않고 심지어 적들이 화를 내게 만들었던 이유는 무엇인가?

그와 똑같이, 로도스 섬의 작은 농장을 놓고 사소한 소송을 벌이던 나의 친구 헤라클레이토스(Heraclitus)도 처음에 재판관들에게 소송 이유가 정당하다는 점을 입증한 뒤에 연설 마지막 대목에서 이렇게 외쳤다.

"나는 여러분에게 간청하지도 않을 것이고, 여러분이 어떤 결정을 내리든 상관하지 않을 것이오! 재판에 회부된 사람은 내가 아니라 당신들이니까!"

그런 식으로 그는 소송을 끝냈다.

55

인간에 대해 말하자면, 우리 인간은 꼭 사슴의 무리처럼 처신한다. 사슴들이 사냥꾼의 화살에 놀라 달아날 때 어느 쪽으로 내달리는가? 사슴들은 안전한 장소로 달아나는가? 아니, 곧장 올가미 쪽으로 돌진하지 않는가! 그렇다면 사슴들은 안전한 것과 무서워해야 할 것을 혼동함으로써 죽는다. … 당신은 죽음이나 고통을 무서워할 것이 아니라, 죽음이나 고통에 대한 두려움을 무서워해야 한다. 이렇게 노래한 시인이 옳았다.

> 죽음은 무서워할 것이 절대로 아니야!
>
> 그대는 수치스런 죽음을 무서워해야 하네.

56

어떤 외적인 것에 대해서는 자연과 조화를 이룬다고 말하고, 어떤 외적인 것에 대해서는 자연에 반한다고 말하는 이유가 무엇인가?

만약 타인들과 멀찍이 떨어져 외따로 지내는 사람이 있다면, 그 사람은 자연에 반하는 상태에 있다는 소리를 듣는다. 발을 예로 든다면, 발을 온전하게 유지하는 것이 자연스럽다는 점을 나는 인정한다. 그러나 만약에 당신이 발을 신체의 일부로, 그러니까 그 자체로는 기능하지 못하는 것으로 여긴다면, 발은 진흙길을 걷고, 가시를 밟고, 어떤 때는 전체 몸을 위해 잘리기까지 하는 것이 적절할 것이다. 그렇게 하지 않는다면, 발은 더 이상 발이 아닐 것이다. 우리가 우리 자신에 대해 생각하는 방식은 그래야 한다.

당신은 무엇인가? 당신은 한 사람의 인간이다. 당신을 고립된 상태에서 홀로 지내는 존재로 본다면, 당신이 건강과 부(富)를 누리며 장수하는 것이 자연스럽다. 그러나 당신을 한 사람의 인간으로, 말하자면 전체의 일부로 본다면, 당신은 전체의 이익을 위해서 가끔은 어느 시점에 병에 걸려야 하고 다른 때에는 바다의 위험을 무릅써야 하고, 또 다른 때에는 빼앗기기도 하고, 어쩌면 때 이른 죽음을 맞을 수도 있다. 그런데 당신은 왜 투덜대는가? 육체에서 떨어져나온 발이 더 이상 발이 아니듯이, 인류로부터 떨어져 나온 당신은 더 이상 한 사람의 인간이 아니라는 것을 모른단 말인가?

인간은 무엇을 위해 존재하는가? 인간은 어느 도시의 일부이다. 가장 먼저, 인간은 신들과 인간들의 도시의 일부이고, 그 다음에는 우주적인 도시의 축소판인, 이 땅 위의, 그 사람이 살고 있는 도시의 일부이다. 그렇다면 나는 재판에 회부되어야 하고, 다른 사람은 열병에 걸려야 하고, 또 다른 사람은 바다를 항해해야 하고, 또 다른 사람은 죽어야 하고, 또 다른 사람은 사형 선고를 받아야 하지 않겠는가? … 우리를 둘러싸고 있는 세계 안에서, 함께 어울려 사는 생명들 사이에서 그런 일들은 이 사람 아니면 저 사람에게 일어나야 한다. 그렇다면 당신이 이 땅 위에 존재하는 동안에 해야 하는 역할은 그런 것들에 대해 옳게 말하고, 그것들을 최대한 적절하게 따르는 것이다.

57

디오게네스(Diogenes: B.C. 412?-B.C. 323?)[21]는 추천장을 써달라고 부탁하는 사람에게 아주 현명한 대답을 내놓았다.

"당신이 한 사람의 인간이라는 것을, 그 사람은 당신을 보는 순간에 알게 될 것이오. 그리고 당신이 훌륭한 인간인지 나쁜 인간인지는 그 사람이 선한 것과 악한 것을 구분할 줄 아는 안목을 가졌다면 알게 될 것이오. 그러나 만약 그가 그런 안목을 갖추고 있지 않다면, 내가 추천장을 천 번을 쓰더라도 그 사람은 절대로 몰라볼 것이오."

그것은 은화(銀貨)가 감정사에게 보여줄 증명서를 써달라고 누군가에게 부탁하는 것이나 다를 바가 없다. 만약 감정사가 자신의 일을 훤히 알고 있다면, 그 사람은 그것이 은인지 아닌지를 금방 알 것이다. 은화는 스스로 가치를 증명하게 되어 있으니 말이다.

21 고대 그리스의 철학자로, 키니코스 학파의 대표적인 인물이다. 그는 욕망을 가능한 한 품지 않고, 수치심을 느끼지 않고, 스스로 만족하려고 노력했다.

58

여행객이 왼쪽이나 오른쪽으로 길을 벗어나지 않기를 바라며(그는 오직 목적지로 곧장 가기를 원할 뿐이다) 만나는 사람에게 방향을 묻듯이, 우리는 우리의 안내자로서 신에게 접근해야 한다. 그것은 우리가 우리의 눈을 이용하며 눈에게 이것 또는 저것을 보여 달라고 요구하지 않고 눈이 보여주는 것을 그냥 모두 받아들이며 만족하는 것과 똑같다.

그러나 실상을 말하자면, 우리는 자신이 바친 제물을 걱정스런 눈빛으로 바라보며 성직자를 향해 애원하는 목소리로 간청한다.

"세상의 지배자이시여, 자비를 크게 베푸시어 저에게 탈출의 길을 열어주소서!"

바보 같으니라고. 그러면 당신은 최선의 것이 아닌 다른 것이 일어나기를 원한다는 말인가? 신이 원하는 것보다 더 나은 것이 세상에 있을 수 있는가? 왜 당신은 당신의 재판관을 타락시키려 안달하고 당신의 조언자를 그르치려 애를 쓰는가?

59

신은 관대하다. 그러나 선한 것도 마찬가지로 관대하다. 그렇다면 신의 진정한 본질이 있는 곳에, 선한 것의 진정한 본질도 있어야 한다.
신의 진정한 본질은 무엇인가? 지성과 지식과 올바른 이성이다. 그곳은 우리가 선한 것의 진정한 본질을 찾을 수 있는 곳이다. 분명히, 당신은 이성적으로 생각하지 않는 식물이나 동물들 사이에서 선한 것의 본질을 찾으려 하지 않을 것이다.

60

그러므로 당신은 선(善)이 존재한다는 것이 눈으로 확실히 확인될 수 있는 것들에서 선의 진정한 본질을 찾아야 한다. 그렇다면 선의 본질을 어디서 찾아야 하는가? 그런데 인간 외에 다른 것들도 마찬가지로 신의 작품이 아닌가? 그것들은 신의 작품이긴 하지만, 낮은 지위를 차지하고 있으며 신의 일부는 아니다.

그러나 당신은 대단히 명예로운 존재로 여겨지고 있으며, 신의 파편이고, 당신 안에 신의 일부를 갖고 있다. 그런데도 왜 당신은 당신의 위대한 조상을 알아보지 못하는가? 당신은 당신이 어디서 왔는지 아는가? 음식을 먹을 때, 음식을 먹고 있는 당신은 누구이며 당신이 음식을 먹이고 있는 존재는 누구인지 당신은 생각하지 않을 것인가? 대화하거나, 운동하거나, 토론을 벌일 때, 당신은 자신이 어떤 신을 부양하고 운동시키고 있다는 것을 알지 않는가? 당신이 언제나 데리고 다니는 그 신을 말이다. 그래도 비참한 인간인 당신은 그 같은 사실을 모른다.

당신은 지금 내가 당신의 밖에 있는, 은과 금으로 만든 신에 대해 말한다고 생각하는가? 절대로 그렇지 않다. 당신은 그 신을 당신 안에 모시고 있다. 당신은 불순한 생각과 사악한 행동만으로도 신을 잃어버릴 수 있다는 사실을 모르고 있다. 만약 당신 앞에 신의 이미지가 있다면, 당신은 감히 평소에 하던 대로 행동하지 못할 것이다. 그럴진대, 하물며 신이 당신 안에서 모든 것을 보고 듣고 있는데, 당신은 불순한 생각과 사악한 행동에 대해 생각하는 것만으로도 부끄러워해야 하지 않겠는가? 당신은 지금 당신 자신의 본성을 깨닫지 못하고 있으며, 그래서 신이 당신에게 분노하고 있다.

61

청년을 학교에서 사회로 내보낼 때, 그가 욕망을 무절제하게 추구하거나, 누더기옷을 걸치고 스스로 품위를 떨어뜨리거나, 지나치게 화려한 옷을 입고 거만하게 굴지 않을까, 하고 우리가 우려하는 이유가 무엇인가? 청년은 자기 안에 신을 두고 있다는 사실을 모르는가? 청년은 누구와 함께 여정을 시작하는지 모르는가?

우리는 청년이 "당신이 저와 함께해 주시면 고맙겠습니다."라고 말하는 것을 그냥 받아넘겨야 하는가? 청년이 있는 곳에 신이 함께하지 않는가? 청년은 신을 옆에 두고도 다른 사람을 찾고 있는가? 청년은 당신에게 그런 말이 아닌 다른 말을 해야 하지 않는가?

만약 당신이 피디아스가 만든 조각상, 즉 아테나 상이나 제우스 상이라면, 당신은 당신 자신을 생각하는 동시에 당신을 창조한 존재에 대해 생각할 것이다. 그리고 조금의 분별력이라도 있는 사람이라면, 당신은 당신 자신이나 당신을 만든 존재의 명예를 훼손시키지 않으려 할 것이며, 타인들의 눈에 절대로 무가치하게 비치지 않으려 할 것이다. 그런데 당신이 어떤 모습으로 비칠 것인지에 대해 신경을 쓰지 않는 이유가 당신의 창조자가 신이기 때문인가?

그러나 예술가들과 그들의 작품은 너무나 다른 예가 아닌가! 예컨대, 인간 예술가의 작품은 그 안에 어떤 능력을 담고 있는가? 그것이 대리석이나 구리, 금 또는 상아가 아닌 다른 무엇인가? 절대로 그렇지 않다.

피디아스가 만든 아테나 조각상은 언제나 손을 내밀며 승리의 상징물을 받는 자세로 서 있다. 그러나 신의 작품들은 움직이고, 호흡하고, 감각을 이용하고, 감각을 바탕으로 판단한다. 당신은 그런 창조자의 솜씨를 존경하지 않을 것인가? 그가 당신을 창조하는 선에서 그치지 않고, 당신 자신을 보호할 임무까지 당신에게 넘겼는데, 당신은 그 같은 사실을 잊고 있을 뿐만 아니라 당신에게 돌보라고 준 것까지 무시하고 있다. 만약 신이 당신에게 어느 고아를 보살펴 달라고 부탁한다면, 당신이 그 고아를 그처럼 무시할 수 있겠는가?

신은 이렇게 말하며 당신을 스스로 돌보도록 당신에게 넘겼다. "그대는 나와 비슷하오. 나는 그대를 전적으로 신뢰하오. 그러니 이 인간을 자연이 만든 상태 그대로, 말하자면 겸손하고, 독실하고, 고매하고, 두려움이나 열정이나 불안에 절대로 굴복하지 않는 그런 존재로 지켜주길 바라오." 그런데 당신은 당신 자신을 그런 존재로 만들지 않고 있다. …

당신의 눈에 내가 독실하고, 겸손하고, 고매하고, 혼란으로부터 자유로운 것으로 비칠 것이다. "고령과 병도 비켜가고, 불멸인 것 같다고?" 절대로 그렇지 않다. 어느 신이 그러하듯이, 나도 병에 걸리고 죽어가고 있다.

62

디오게네스에 따르면, 유일하게 유익한 노력은 육체의 용기와 힘을 키우는 것이 아니라, 영혼의 용기와 힘을 키우는 것이다.

63

안내자는 길을 잃은 사람을 발견하는 즉시 올바른 길로 데리고 온다. 그런 다음에, 그는 길을 잃은 사람을 조롱하거나 비웃지 않고 그곳을 조용히 떠난다.

당신도 마찬가지로 배우지 못한 사람에게 진리를 보여줘야 하며, 그러면 그 사람이 당신을 따를 것이다. 그러나 당신이 그 사람에게 진리를 보여주지 않는 한, 당신은 그를 조롱해서는 안 되며 오히려 당신 자신의 무능을 느껴야 한다.

64

소크라테스의 가장 두드러진 특징은 토론 중에 절대로 격해지지 않고, 상대방에게 상처가 되거나 모욕적인 말을 하지 않는다는 점이다. 정반대로, 소크라테스는 타인들의 모욕을 인내심 있게 참아냄으로써 토론에 종지부를 찍었다. 인내심을 발휘하는 그의 능력이 어느 정도였는지 알고 싶다면, 크세노폰(Xenophon)이 쓴 '향연'(Symposium)을 읽으면 된다. 그러면 그가 많은 언쟁을 어떤 식으로 마무리지었는지를 알게 될 것이다. 그것이 그 기술을 대단히 높이 평가한 시인들이 옳은 이유이다.

소크라테스는 치열한 논쟁까지도 신속히, 또 현명하게 끝내곤 했다.

그럼에도, 그 관행은 지금 특별히 로마에서 안전하지 않다. 그 관행을 실천하는 사람은 은밀한 구석에서 토론을 진행하려 해서는 안 되며, 기회가 주어진다면 부유하거나 지위가 높은 인물에게 접근해야 한다.

"귀하께서는 말(馬)을 누구에게 맡기시는지 말씀해 주실 수 있습니까?"

"그럴 수 있소."

"말에 대해서는 아무것도 몰라도 가장 먼저 오는 사람에게 맡기십니까?"

"절대로 그렇게 하지 않소."

"그렇다면, 귀하의 금과 은과 의복을 관리하는 사람은 어떤 식으로 선택합니까?"

"당연히 경험이 풍부한 사람이어야 합니다."

"그러면 귀하의 육체는 어떻게 합니까? 귀하께서는 다른 사람에게 육체를 관리하는 일을 맡길 생각을 해 보았습니까?"

"물론, 해 보았지요."

"틀림없이 귀하께서는 경험 많은 사람에게, 트레이너나 의사에게 맡길 생각을 했을 것 같습니다."

"당연하지요."

"이런 것들이 귀하가 가진 최고의 것들입니까, 아니면 그것들보다 더 소중한 것이 따로 있습니까?"

"무슨 뜻입니까?"

"이런 모든 것들을 활용하고 있고, 모든 것을 신중히 비교 검토하고 있고, 또 귀하께서 해야 할 일을 결정하고 있는 바로 그것을 뜻합니다."

"아, 영혼을 말하는군요."

"정확히 이해했습니다. 영혼을 뜻합니다. 하늘을 걸고 말하건대, 나는 영혼을 내가 소유한 그 외의 모든 것들보다 더 소중히 여깁니다. 그러니 귀하께서 영혼을 어떤 식으로 돌보는지 말씀해 주실 수 있습니까? 이 도시에서 높이 존경 받는 귀하처럼 지성을 갖춘 분이 무관심한 탓에 가장 소중한 소유물을 망가뜨리는 일은 없을 것으로 여겨집니다."

"절대로 그런 일은 없어야 하지요."

"그렇다면 귀하께서는 자신을 직접 돌보십니까? 누군가가 귀하를 돌보는 올바른 방법을 가르쳐 주었습니까, 아니면 그 방법을 스스로 터득했습니까?"

이 대목에서 그 방법이 위험해진다. 위대하다는 그 인물이 "그게 당신하고 무슨 상관이야? 당신이 나의 주인이야?"라고 반발할 수 있기 때문이다. 이어서 만약 당신이 계속 그를 괴롭히기라도 한다면, 그가 주먹을 휘두를 수도 있다. 이런 일이 나에게 일어나기 전까지, 그 방법은 나 자신이 다소 동경하던 기술이었다.

65

어느 젊은이가 극장에서 자신을 과시하며 “나는 많은 현자들과 대화한 덕분에 현명해졌다.”고 말할 때, 에픽테토스는 이렇게 대답했다. “나는 부유한 사람들과 자주 대화했지만 지금도 여전히 부자가 아니오!”

목수도 특별한 것을 배워 목수가 되고, 배의 조타수도 특별한 것을 배워 조타수가 된다. 그렇듯, 철학에서도 단순히 현명해지고 선해지려는 욕망만으로는 절대로 충분하지 않다. 특별한 것을 배울 필요가 있다. 그렇다면 이 특별한 것이 우리의 탐구의 대상이다.

철학자들은 우리가 먼저 신이 존재한다는 것을, 신의 섭리가 우주를 안내한다는 것을, 더 나아가 우리의 행동뿐만 아니라 생각과 의도까지도 신에게 숨기는 것이 불가능하다는 것을 배우도록 할 것이다. 그 다음에는, 신의 본성이 무엇인지를 배우도록 할 것이다.

신의 본성이 어떤 것으로 확인되든, 신을 기쁘게 하고 신에게 복종해야 하는 인간은 바로 신처럼 되기 위해 최대한 노력해야 한다. 만약 신이 충직하다면, 인간도 충직해야 하고, 신이 자유롭다면, 인간도 자유로워야 한다. 신이 자비로우면, 인간도 자비로워야 하고, 신이 관대하면, 인간도 관대해야 한다. 따라서 신의 모방자로서, 인간은 모든 행동과 말에서 신을 따라야 한다.

67

당신이 행복에 가장 중요하고 가장 필요한 것을 갖추지 못하고 있다는 사실을, 지금까지 당신의 관심이 가장 시급한 것이 아닌 다른 온갖 것에 쏟아졌다는 사실을, 또 당신이 신이 무엇인지, 인간이 무엇인지, 선과 악이 무엇인지를 모르고 있다는 사실을 내가 보여준다면, 아마 당신은 나의 말을 참아낼 것이다. 그러나 당신 자신에 대해 아무것도 모른다는 소리를 당신은 아무렇지 않게 받아넘길 수 있을까? 그 같은 사실이 입증된다면, 당신은 그 자리에 온전히 서 있을 수 있을까?

당연히 당신은 참아내지 못한다. 당신은 당장 분노를 터뜨릴 것이다. 그런데 내가 당신에게 무슨 해를 끼치기라도 했는가? 추하게 생긴 사람의 얼굴을 생긴 그대로 비추는 거울이 그 사람에게 해를 끼치지 않는다면, 또 의사가 환자에게 "당신은 별 문제가 없다고 짐작하십니까? 열이 있습니다. 오늘은 아무것도 먹지 말고 물만 마시세요."라고 처방하는 것이 환자를 모욕하는 일이 아니라면, 나도 당신에게 해를 전혀 입히지 않는다. 의사의 이런 처방에 대해 어느 누구도 "무례한 사람 같으니!"라고 말하지 않는다.

그럼에도 만약 당신이 어떤 사람에게 "당신의 열정은 불타고 있고, 유혹에 저항하는 능력은 약하고, 의도는 터무니없고, 감정은 본성과 조화를 이루지 못하고, 의견은 경솔하고 터무니없다"고 말한다면, 그 사람은 당장 화를 내며 당신이 자신을 모욕했다고 불평할 것이다.

68

우리가 살아가는 방식은 시장을 많이 닮았다. 동물들의 무리가 팔리기 위해 쭉 지나가고, 군중의 대부분은 사고파는 사람들이다. 그러나 거기에 시장을 살피기 위해 오는 소수의 사람들이 있다. 그들은 시장이 어떤 식으로 조직되는지, 시장이 지속적으로 열리는 이유가 무엇인지, 시장을 조직하는 사람은 누구이고 시장의 목적이 무엇인지를 묻는다.

그렇듯, 삶이라는 이 큰 시장에서도 일부 사람들은 가축들처럼 사료 외에는 어떤 것에도 관심을 두지 않는다. 땅과 노예와 관청 일에 시간을 쏟고 있는 여러분은 그런 것이 사료에 지나지 않는다는 것을 알아야 한다. 시장을 찾는 사람들 중에서 세상이 어떤 곳인지, 세상을 이끄는 사람들이 누구인지에 대해 생각하는 것을 즐기는 소수의 사람들이 있다.

아무도 이 세상을 다스리지 않는다는 것이 도대체 어떻게 가능한가? 도시나 가정도 그것을 관리하고 복지를 돌볼 사람이 없는 경우에 한 순간도 버티지 못하는데, 너무도 사랑스럽고 거대한 이 위대한 우주가 놀라운 계획 없이 단순히 우연만으로 그렇게 경이롭게 보존되는 것이 어떻게 가능한가? 이 세상을 지배하는 누군가가 있음에 틀림없다. 그 존재는 어떻게 생겼으며, 어떤 식으로 세상을 지배하는가? 그리고 그의 자식인 우리는 누구이며, 우리는 무엇을 위해 태어났는가? 우리는 그와 어떤 밀접한 관계를 맺고 있는가?

이런 것들이 소수의 사람들이 생각하는 주제들이다. 게다가, 그들이 하는 일은 자신이 이곳을 떠나기 전에 대다수 사람들에게 관심을 기울이며 그들을 검증하는 것이다. 그런데 대부분의 사람들은 그렇게 하는 소수의 사람들을 조롱한다. 이것이 상인들이 관찰자들에게 하고 있는 행위이다. 만약 동물들이 말을 한다면, 동물들도 아마 사료가 아닌 다른 것에 대해 생각하는 사람들을 조롱할 것이다.

69

지금 나는 예전에 결코 몰랐던 것을 새삼 알게 되었다고 생각한다. "바보는 구부러지지도 않고 부러지지도 않는다."는 평범한 속담의 의미를 두고 하는 말이다. 똑똑한 바보를 친구로 두는 일이 나에게 일어나지 않기를 간절히 기도한다. 그런 사람의 의견을 바꿔놓는 것보다 더 힘든 일은 없다. "나의 결심은 확고해!" 광인들도 이렇게 말하지만, 자신의 망상에 대한 확신이 강할수록, 치료의 필요성도 그만큼 더 크다.

70

"아! 아테네와 아크로폴리스[22]를 언제 다시 볼 수 있을까?"

불쌍한 인간 같으니! 당신은 매일 보는 것에 만족하지 못하는가? 당신은 태양과 달과 별들보다, 그리고 당신 앞에 아득히 펼쳐진 땅과 바다보다 더 위대하거나 고귀한 것을 떠올릴 수 있는가?

만약 당신이 우주를 지배하는 절대자를 진정으로 이해한다면, 그리고 그 절대자를 당신 안에 두고 있다면, 그런 상태에서도 당신은 단순히 돌의 파편들과 단단한 바위에 불과한 것을 못내 갈망할 수 있는가? 태양과 달에게 작별을 고해야 할 때, 당신은 땅바닥에 주저앉아 아이처럼 울 것인가? 아니, 당신은 무엇을 듣고 무엇을 배웠는가? 다음과 같이 진실을 밝힐 수 있었을 때, 당신은 왜 스스로 철학자라고 말했는가?

"나는 한두 권의 책을 엮었고, 크리시포스(Chrysippus)[23]의 몇몇 작품을 읽긴 했지만, 철학의 바다에는 발끝도 담그지 않았어!"

22 아테네 위쪽의 바위 지대에 위치한 성채로, 역사적으로 중요한 고대 건축물이 자리 잡고 있다. 파르테논 신전이 가장 유명하다.

23 B.C. 3세기에 활동한 그리스 스토아 학파의 철학자이다.

71

친구여, 더 늦기 전에 자유와 평온과 영혼의 위대함을 최대한 확실히 고수해야 한다. 그리고 노예 상태에서 벗어난 사람처럼, 신을 올려다보며 용기를 내서 이렇게 말하도록 하라.

"앞으로는 나를 당신 뜻대로 다뤄 주십시오. 당신과 나는 한마음입니다. 나는 당신의 것입니다. 나는 당신에게 유익해 보이는 것이면 무엇이든 거부하지 않습니다. 나를 당신 뜻대로 이끌어 주십시오. 나를 당신이 원하는 옷으로 입혀 주십시오. 당신은 내가 지배자가 되기를 원합니까, 아니면 신하가 되기를 원합니까? 내가 고국에서 살기를 원합니까, 아니면 망명 생활을 하기를 원합니까? 또 내가 가난하게 살기를 원합니까, 부유하게 살기를 원합니까? 나는 당신을 대신하여 인간들에게 이 모든 것들에 대해 설명할 것입니다. 나는 인간들에게 이것들 각각의 진정한 본질을 보여줄 것입니다. …"

만약 헤라클레스(Heracles)[24]가 고향에서 빈둥거렸다면, 그는 어떤 존재가 되었겠는가? 그는 헤라클레스가 아니라 에우리스테우스(Eurystheus)[25]가 되었을 것이다. 그는 세상을 방랑하며 얼마나 많은 친구와 동료를 사귀었는가? 그래도 그에게는 신보다 더 소중한 존재는 없었

24 그리스 신화에 등장하는 영웅으로 제우스와 알크메네의 아들이다. 12가지 과업으로 유명하며, 영웅 중의 영웅이다.

25 미케네 왕국의 왕으로, 스테넬로스 왕과 니키페의 아들이자 페르세우스의 손자이며 헤라클레스의 경쟁자였다. 헤라는 에우리스테우스의 후원자이고, 제우스는 헤라클레스의 후원자였다.

다. 그 같은 사실 때문에, 그는 틀림없이 신의 아들인 것으로 믿어졌으며, 실제 행동도 신의 아들과 같았다. 그래서 그는 신의 뜻에 복종하며 이 땅을 떠돌면서 사람들을 불공평과 무법 상태로부터 구원했다.

그러나 당신은 헤라클레스 같은 존재가 아니라서 사람들을 불공평의 구렁텅이에서 구해내지 못한다고 말한다. 또 당신은 테세우스(Theseus)[26] 같은 존재가 아니라서 아티카에서 괴물을 몰아내지 못한다고 말한다.

당신의 마음에서 당신 자신의 두려움부터 털어내도록 하라. 강도들과 괴물들을 몰아낼 것이 아니라, 당신의 마음에 자리 잡고 있는 두려움과 욕망, 시기, 적의, 탐욕, 나약, 무절제부터 몰아내도록 하라. 만약 당신이 모든 사랑을 신에게 쏟고 신의 명령에 복종하며 오직 신에게만 초점을 맞추지 않는다면, 당신은 그런 것들을 절대로 추방하지 못한다.

그러면 당신은 자신의 힘보다 더 강한 힘을 따르며 한숨과 신음을 내뱉지 않을 수 없게 될 것이며, 언제나 평온을 찾아 외적인 것을 추구하지만 절대로 평온을 발견하지 못할 것이다. 평온을 발견할 수 있는 곳에서 찾지 않고 발견할 수 없는 곳에서 찾고 있기 때문이다.

26 고대 아테네의 전설적인 군주. 그리스 신화에 나오는, 상반신은 인간이고 하반신은 황소의 모습을 한 괴물 미노타우로스를 죽인 전설로 유명하다.

72

철학을 공부하고자 하는 사람이 가장 먼저 할 일은 자신의 선입견을 제거하는 일이다. 사람이 이미 알고 있다고 믿고 있는 것에 대해 배우는 것은 절대로 불가능하기 때문이다.

73

학교에 배우러 오며 다음과 같이 말하는 젊은이를 딱 한 사람만 나에게 보내주라.

"저는 다른 모든 것을 포기했습니다. 저의 삶을 방해나 제한으로부터 자유로운 상태에서 영위할 수만 있다면, 또 머리를 똑바로 들고 자유인으로서 세상을 마주할 수만 있다면, 또 신의 친구로서 하늘을 우러러보며 저에게 일어나는 일 그 어떤 것도 두려워하지 않을 수 있다면, 저는 행복할 것입니다."

나에게 그런 젊은이를 보여주라. 그러면 나는 이렇게 말할 것이다.

"어서 오게, 젊은이여. 자네의 것을 갖도록 하게. 자네의 운명은 철학을 돋보이게 하는 것이니까. 이것도 자네의 것이고, 이 책도 자네의 것이고, 이 토론도 자네의 것이야!"

그리고 이 철학 옹호자가 그 주제의 이 부분에 깊이 몰두할 때, 그가 다시 나를 찾아와서 이렇게 말할 것이라고 나는 기대한다.

"제가 바라는 것은 열정과 고민으로부터 자유로워지는 것입니다. 경건과 철학을 추구하는 길에 그 어떤 고통도 마다하지 않는 사람으로서, 제가 바라는 것은 신들에 대한 저의 의무와 부모님과 형제들, 고국, 그리고 이방인들에 대한 저의 의무를 아는 것입니다."

"그렇다면 그 주제의 두 번째 부분에 대한 공부를 시작하도록 하게. 그것 또한 자네의 것이니라."

"저는 이미 그 부분을 터득했습니다. 저는 흔들림 없이 확고하게 서 있기를 바랍니다. 잠을 잘 때도 깨어 있을 때만큼 확고하고, 포도주에 취해 고양되어 있을 때도 낙담했을 때만큼 확고하기를 바랄 뿐입니다."

"아, 친구야, 자네는 진정으로 신 같은 존재로구나! 자네는 위대한 계획을 갖고 있구나!"

74

에픽테토스가 말했다.

"우리 앞에 놓인 문제는 절대로 간단한 문제가 아닙니다. 그것은 바로 이런 질문입니다. '우리는 제정신인가, 아니면 정신을 놓고 있는가?'"

75

만약 당신이 화에 굴복했다면, 그 같은 행위에 악이 개입되었다는 사실과 별도로, 당신은 화를 내는 습관을 틀림없이 강화하고 불에 기름을 부었다는 사실을 명심해야 한다. 육신의 유혹에 넘어갔다면, 그 사건을 동떨어진 한 건의 패배로 여길 것이 아니라, 그 일이 당신의 타락한 습관을 더욱 악화시켰다는 사실을 반드시 고려해야 한다.

당신의 모든 습관과 능력은 반드시 당신의 행위의 영향을 받게 되어 있다. 지금까지 없었던 습관과 능력이 갑자기 생겨나기도 하고, 이미 존재하던 습관과 능력이 더욱 강해지고 더욱 오래 간다. 이것이 철학자들이 마음의 질병의 기원과 관련해서 제시하는 설명이다.

당신이 언젠가 돈을 갈망했다고 가정해 보자. 그런 욕망에 악의 요소가 있다는 것을 깨달을 만큼 이성이 충분하다면, 그 욕망은 억눌러지고, 마음은 당장 원래의 권위를 되찾을 수 있다. 그러나 당신이 마음을 바로잡을 방법을 적극적으로 찾지 않는다면, 그런 긍정적인 결과를 기대하기 어렵다. 정반대로, 돈에 대한 욕망을 다시 느끼는 경우에, 그 욕망의 불꽃은 그 전보다 더 빠르게 타오를 것이다. 이런 현상이 거듭 반복되다 보면, 당신의 마음은 결국엔 무감각해지고, 따라서 탐욕이라는 정신의 질병이 생기게 된다.

열병을 앓은 사람은 병에서 회복한 뒤에도 치료가 완전하지 않으면 그 전의 건강 상태로는 절대로 돌아가지 못한다. 마음의 질병에 대해서도 똑같이 말할 수 있다. 병의 흔적이 뒤에 남게 되며, 이 흔적이 적절히 제거되지 않으면, 미래에 똑같은 자리를 때리는 타격은 더 이상 흔적을 남기는 데서 그치지 않고 염증까지 남기게 된다.

화에 쉽게 넘어가고 싶지 않다면, 화를 내는 습관을 키우지 않도록 하라. 화를 키울 수 있는 것이면 무엇이든 절대로 화에게 주지 않도록 하라. 먼저, 마음을 차분하게 지키려고 애쓰고, 당신이 화를 내지 않은 날들을 헤아려 보아라.

"나는 매일 화를 내곤 했지. 그러다가 하루 걸러 화를 냈고, 나중에는 사흘마다 화를 냈지."

그런 식으로 30일 동안 화를 내지 않고 지내는 데에 성공한다면, 그때는 신들에게 감사의 뜻으로 제물을 바치도록 하라.

76

그렇다면 화를 내는 습관을 버리겠다는 목표는 어떻게 성취할 수 있는가? 예전에 그런 것을 시도한 적이 한 번도 없었다면, 지금 당장 당신 스스로 훌륭하다고 판단하는 모습과 똑같이 행동하겠다고 결심하라. 또 신이 당신을 보고 기뻐할 수 있는 방향으로 처신하겠다고 결심하라. 그리고 당신과 신이 똑같이 당신을 보고 순수하다고 여길 수 있는 방향으로 행동하려고 노력하라.

77

외적 유혹의 매력에 저항하기 위해 스스로를 훈련시키는 사람이야말로 진정한 운동선수이다. "그냥 견뎌 봐, 비참한 인간아! 이리저리 질질 끌려 다니지 말고!" 이것은 위대한 싸움이고, 신성한 과업이야! 당신은 고결과 자유와 행복과 평온을 위해 싸우고 있다. 신을 기억할 것이며, 신을 당신 옆을 지키는 친구로 여기며 그에게 도움을 청하라.

78

피디아스라는 거장의 스타일로 제작된 조각상을 놓고 피디아스 양식의 작품이라고 부른다면, 스토아 학파 철학자는 어떤 부류라 할 수 있는가? 말로 주창하는 원리를 언제나 행동으로 실천하면서, 진정으로 스토아 학파 철학자라 불릴 만한 사람을 한 사람 나에게 보여주라. 몸이 아프면서도 행복하고, 망명 생활을 하면서도 행복하고, 나쁜 평판을 들으면서도 행복할 수 있는 사람을!

다시 부탁하는데, 그런 사람을 나에게 보여주라. 진정한 스토아 학파 철학자를 한 사람이라고 보고 싶으니, 하늘이여 도와주소서. 아니, 완전한 스토아 학파 철학자를 보여주지 못할 상황이라면, 그런 철학자가 되기 위해 스스로를 연마하는 사람이라도 보여주길! 제발 부탁을 들어주기를! 지금까지 한 번도 보지 못한 것을 볼 기회를 달라는 노인에게 인색하게 굴지 않기를!

당신은 내가 피디아스가 금과 상아로 만든 제우스 상이나 아테나 상을 보기를 원한다고 생각하는가? 그렇지 않다. 자신의 마음을 신의 마음과 동일하게 가꾸길 원하는 인간 영혼을 보여주길 바란다. 더 이상 신이나 인간을 탓하지 않고, 어떤 일에도 낙담하지 않고, 어떤 것의 방해도 받지 않고, 분노나 시기나 질투에 굴복하지 않는 그런 마음을 추구하는 영혼을 말이다.

이 죽은 육체 안에 여전히 갇혀 있는 상태에서도 신의 동료가 되는 것을 목표로 잡고 있는 사람이면 충분하다. 그런 사람을 나에게 보여 주라! 아,

나의 부탁을 들어줄 수 없다니! 그런데 왜 당신들은 자신을 조롱하고 타인을 기만하는가? 왜 당신들은 남의 옷을 걸치고 자격도 갖추지 않은 명칭을 훔치며 이리저리 떠돌아다니는가?

79

당신의 능력 밖에 속하는 어떤 인격을 갖춘 것처럼 가장한다면, 당신은 그 역할을 형편없이 연기하게 될 뿐만 아니라 당신이 갖춘 인격까지도 제대로 발휘하지 못하게 된다.

80

당신은 집에서 불쌍한 노예와 싸우고, 가족의 분위기를 완전히 뒤집어 놓고, 이웃을 혼란에 빠뜨려 놓고는 나에게 와서 짐짓 겸손한 척 가장하며 마치 현자처럼 내 앞에 앉아서 글에 대한 나의 설명을 비판한다. 당신은 나의 생각이 아무렇게나 내뱉는 헛소리에 불과하다고 말한다.

당신은 집에서 올 때 아무것도 갖고 오지 않았기 때문에 질투심을 가득 품고 있고 초라하다. 토론이 진행되는 동안에, 당신은 거기 앉아서 당신의 아버지나 형이 당신에 대해 어떻게 생각할 것인지에 대해 생각하고 있다.

"집에서 아버지와 형은 나를 두고 어떤 말을 하고 있을까? 지금 그들은 내가 발전을 이루고 있다고 상상하며 내가 박식가가 되어 돌아올 거라고 말하고 있겠지. 나도 박식한 사람이 되어 집으로 돌아갈 수 있었으면 좋으련만, 그것은 많은 노력이 요구되는 일이야. 나에게 뭐든 보내주는 사람은 아무도 없고, 니코폴리스의 목욕탕들은 지저분하니, 돌아가는 상황은 집이나 여기나 똑같이 비참해."

그러면 사람들은 이렇게 말할 것이다.

"사람이 학교에 다닌다고 해서 더 나아지는 것은 절대로 아니야."

열심히 배우고자 하는 성실한 마음으로 학교에 오는 사람이 과연 있기나 한가? 누가 자신과 자신의 삶의 원칙을 바로잡기 위해 학교에 오는가? 누가 자신의 부족한 점을 파악하기 위해 학교에 오는가? 당신이 학교에 올 때와 똑같은 모습으로 집으로 돌아가는데, 왜 그 같은 사실이 당신을 놀라게 하는가?

81

"에픽테토스여, 나는 종종 당신의 말을 듣기를 간절히 바라며 여기 오는데, 당신은 나에게 한마디도 하지 않았습니다. 간곡히 청하오니, 가능하다면 지금 나에게 무슨 말이든 좀 해 주십시오."

이에 에픽테토스가 대답했다.

"듣는 사람에게 이롭도록 말을 능숙하게 하려면, 다른 일에서와 마찬가지로, 말을 하는 데에도 기술이 필요하다고 당신은 생각합니까?"

"그렇습니다."

"모든 사람들이 듣는 것으로 인해 똑같이 이득을 봅니까, 아니면 일부 사람들만 이득을 봅니까? 말하는 기술만 있는 것이 아니라 말을 듣는 기술도 있는 것 같아서 하는 말입니다. … 조각상을 만드는 데에도 기술이 필요하고, 조각상을 제대로 감상하는 데에도 기술이 필요합니다."

"그렇습니다."

"그리고 철학자들의 말을 듣기를 원하는 사람은 듣는 훈련이 상당히 많이 되어 있어야 한다는 점에 대해 모든 사람들이 동의할 것이라고 나는 생각합니다. 그렇지 않습니까? 그러니 당신이 나로부터 들을 수 있는 주제가 무엇인지 말해 주십시오."

"당연히, 선과 악에 대해서지요."

"무엇의 선과 악입니까? 말이나 소의 선과 악입니까?"

"아니오, 인간의 선과 악입니다."

"그렇다면 당신은 인간이 어떤 존재인지, 인간의 본성은 어떤지, 우리가 인간에 대해 어떤 생각을 품고 있는지에 대해 알고 있습니까? 그리고 그 주제에 대해 듣는 데에 필요한 기술을 갖추고 있습니까? 아니, 당신은 본성이란 것이 무엇인지 이해하고 있습니까? 내가 논증을 이용해야 한다고 말할 때, 당신은 나의 말을 충분히 이해합니까? 당신은 논증이 무엇인지, 참 또는 거짓이 무엇인지 이해합니까? … 내가 당신이 철학을 이해하도록 강요해야 합니까? …

내가 당신에게 하는 말이 당신을 어떤 측면에서 이롭게 하는지 보여주십시오. 내가 당신에게 말을 하고 싶다는 욕망을 일으키도록 해 보십시오. 양(羊)은 너무도 좋아하는 초원을 보면 풀을 뜯고 싶다는 욕망이 저절로 일어납니다. 양에게 돌이나 빵 조각을 보여줘 보십시오. 아마 양은 미동도 하지 않을 것입니다. 그렇듯 우리 인간도 자연스런 욕망을 몇 가지 갖고 있습니다. 그런 욕망 중 하나가 우리의 말을 들을 만한 가치를 지닌 사람을, 말하자면 우리를 고무하는 누군가를 발견할 때, 말을 하고 싶어지는 욕망입니다. 그러나 그 말을 듣는 사람이 거기에 돌이나 풀처럼 우두커니 그냥 앉아 있기만 한다면, 누가 그 사람에게 말을 하고 싶다는 욕망을 품겠습니까?"

"그래서 당신은 나에게 아무 말도 하지 않을 생각입니까?"

"당신에게 이것 한 가지만 말해 주고 싶습니다. 자신이 누구인지, 자신이 무슨 목적으로 태어났는지, 이 세상이 어떤 곳인지, 이 세상 속에서 자신이 어떤 사람들과 연결되어 있는지를 모르는 사람, 그리고 선과 악을, 아름다움과 추함을, … 참과 거짓을 구분하지 못하는 사람은 욕망과 충동과 혐오의 감정을 드러낼 때 절대로 이성을 따르지 않습니다. 한마디로 말해, 그 사람은 실제로 아무런 가치가 없으면서도 자신이 뭔가 되는 것처럼 생각하며 귀를 막고 눈을 감은 채 돌아다닙니다. 내가 말하는 이 모든 내용에 새로운 것이 있습니까? 이 같은 무지가 인류가 존재를 시작한 이후로 인류의 모든 실수와 재앙의 원인이었지 않습니까?" …

"이것이 내가 당신에게 들려줘야 하는 이야기의 전부랍니다. 이 이야기조차도 억지로 하고 있습니다. 왜냐고요? 당신이 나의 영(靈)을 흔들어 놓지 않았기 때문입니다. 활력 넘치는 말(馬)이 말들을 평가하는 사람의 마음을 설레게 하듯이, 당신에게 나의 마음을 흔들어 놓을 것으로 무엇이 있습니까? 당신의 육체? 당신은 육체를 형편없이 다뤘습니다. 당신의 의상? 사치스럽습니다. 당신의 행동? 당신의 표정? 아무것도 없습니다. 앞으로 당신이 철학자의 말을 듣기를 원할 때, 내가 아무 말을 하지 않는다고 불평할 것이 아니라, 당신 자신이 철학자의 말을 들을 가치가 있거나 들을 준비가 되어 있는 존재라는 사실을 보여주도록 하십시오. 그러면 당신은 자신이 어떤 식으로 철학자를 감동시키고 있는지를 확인하게 될 것입니다."

82

형제들이 겉보기에 서로 친구처럼 화목하게 지내는 것을 보더라도, 그들의 우정이 어떻다는 식으로 즉흥적으로 말하지 않도록 하라. 그들이 우정과 화목을 맹세하고, 또 그들이 "우리가 따로 사는 것은 있을 수 없는 일이야!"라고 선언할지라도 말이다. 나쁜 사람의 가슴은 불성실하고, 원칙을 결여하고 있고, 일관되지 않기 때문이다.

그런 가슴은 지금은 이런 인상에 압도되고, 다른 때는 저런 인상에 압도된다. 그들이 같은 부모에게서 태어났고, 함께 자랐고, 같은 가정교사 밑에서 배웠는가, 하는 일상적인 질문을 하지 않도록 하라. 대신에 그들의 진정한 관심이 외적인 것에 있는지, 아니면 그들의 의지에 있는지만 물으면 된다.

만약 외적인 것에 관심을 두고 있다면, 그 사람을 친구라 부르지 않도록 하라. 그런 사람은 충직하지도 않고, 일관되지도 않고, 용감하지도 않고, 자유롭지도 않다. 약간의 분별력이라도 있다면, 당신은 그런 사람을 인간이라고 부르지 않을 것이다. … 그러나 만약 그 사람들이 선(善)은 의지에 달려 있다고 믿는 것이 확인된다면, 또 그들이 오직 옳은 일들만을 제대로 다루고 있다면, 그들이 아버지와 아들인지, 형제인지, 혹은 오랫동안 우정을 이어오고 있는 친구인지에 대해 물어볼 필요조차 없다. 그것 한 가지만 확실히 확인된다면, 당신은 그들이 친구들이라고, 또 그들이 충직하고 공정하다고 자신 있게 말할 수 있다. 겸손이 지배하지 않는 곳에서, 또 사람들이 훌륭하고 정직한 것들만을 공유하지 않는 곳에서, 어떻게 우정이 발견될 수 있겠는가?

83

어느 누구도 우리에게서 의지를 빼앗지 못하며, 어느 누구도 우리의 의지를 지배하지 못한다.

84

죽음이 나를 덮칠 때, 나는 나 자신의 의지를 열정의 공격으로부터, 방해로부터, 분노로부터, 예속으로부터 지키려고 노력하고 있었으면 하는 마음이 간절하다.

내가 그런 노력을 벌이는 중에 죽음에게 발견된다면, 나는 신에게 이렇게 말할 수 있지 않겠는가?

"내가 당신의 명령에 반하는 행위를 한 적이 있습니까? 어쨌든 내가 당신이 준 능력과 감각과 자연적 원리를 남용한 적이 있습니까? 내가 당신이 세상의 일들을 관리하는 방식과 관련해서 결점을 발견하거나 당신을 탓한 적이 있습니까? 나는 당신이 원하는 때에 병에 걸렸고, 다른 사람들도 그랬습니다. 그래도 나의 의지는 거기에 동의했습니다. 그리고 당신이 원하는 바에 따라서, 나는 가난했습니다. 그래도 나의 가슴은 기뻤습니다. 나는 정치적 권력을 전혀 얻지 않았습니다. 왜냐하면 당신이 나에게 그렇게 해서는 안 된다고 명령했기 때문입니다. 그래서 나는 권력을 절대로 원하지 않았습니다. 내가 그것 때문에 더 슬퍼 보인 적이 있었습니까? 내가 당신의 명령이나 신호를 기다리며 언제나 즐거운 마음으로 당신에게 귀를 기울이지 않은 적이 있었습니까? 지금 당신은 내가 이 거대한 인간의 집단을 떠나기를 원합니까? 나도 가고자 합니다. 당신에게 감사하는 마음을 전합니다. 이 큰 집단 중에서 특별히 나를, 당신과 함께하며 당신의 행위를 보고 당신의 규칙들을 이해할 자격을 갖춘 존재로 생각해 주니 말입니다."

나에게 죽음이 닥칠 때, 내가 생각하거나 쓰거나 공부하고 있는 주제가 그런 것이었으면 좋겠다.

85

신이나 인간을 절대로 비난하지도 않고 탓하지도 않는 것이 당신에게는 별일 아닌 것처럼 보이는가? 갈 때나 올 때나 한결같은 모습을 보이는 것은 또 어떤가? 이것이 소크라테스의 비결이었지만, 그럼에도 그가 자신이 무엇을 안다고 말하거나 가르쳤다고 말한 적은 한 번도 없었다. … 여러분 중에서 누가 이런 태도를 삶의 목표로 삼을 수 있는가? 진정으로 그런 모습을 보일 수 있다면, 당신은 병과 굶주림, 심지어 죽음까지 즐거운 마음으로 견뎌낼 수 있을 것이다.

86

우리 인간은 자연에 의해 어떤 존재로 만들어졌는가? 인간은 자유롭고, 숭고하고, 겸손하고(얼굴을 붉힐 줄 알거나 수치심을 느끼는 다른 생명체가 있는가?), 또 자연이 우리를 창조한 목적을 추구하며 쾌락을 포기하도록 창조되었다. 또 인간은 자연의 하인이자 대리인으로서, 자연이 정해 놓은 방식대로 처신하게 되어 있다.

87

농부는 자신의 땅을 다루고, 의사와 트레이너들은 육체를 다루고, 현자는 자신의 마음을 다룬다.

88

누가 스파르타의 리쿠르고스(Lycurgus: B.C. 9세기)[27]가 한 행위에 찬사를 보내지 않을 수 있겠는가? 어느 젊은 시민이 리쿠르고스의 한쪽 눈을 뽑았을 때, 사람들이 그 젊은이를 마음껏 처벌하도록 리쿠르고스에게 넘겼다. 그러나 리쿠르고스는 보복하고 싶은 욕망을 죽이고, 반대로 그를 가르쳐서 훌륭한 시민으로 바꿔놓았다.

리쿠르고스는 그 젊은이를 극장에서 공개적으로 소개하면서, 깜짝 놀라는 스파르타 시민들을 향해 이렇게 말했다. "여러분은 이 젊은이가 폭력적이고 오만하게 굴 때 그를 나에게 보냈습니다. 지금 나는 그를 조국에 봉사할 수 있는 정신 상태로 성숙시켜 여러분에게 돌려 드립니다."

27 역사가 헤로도토스(Herodotus)에 따르면, 고대 스파르타의 군국주의의 틀을 다진 인물로 통한다.

89

환전상도 카이사르의 주화를 받기를 거부하지 못하고, 식료품상도 그 주화를 받기를 거부하지 못한다. 주화가 제시되기만 하면, 환전상이나 식료품상은 좋든 싫든 팔린 재화를 반드시 양도해야 한다.
영혼도 마찬가지이다. 선한 것이 나타나면, 영혼은 그것을 영혼 쪽으로 끌어당긴다. 그러나 악이 나타나면, 영혼은 그것을 거부한다. 영혼은 순수한 선을 절대로 거부하지 않는다. 사람이 카이사르의 주화를 받기를 거부하지 못하는 것과 똑같다. 이것은 신과 인간을 똑같이 지배하고 있는 원리이다.

90

상식이 무엇이냐고 묻는 질문에, 에픽테토스는 이렇게 대답했다.

"일반적으로 청력이라고 불리는 것은 단지 소리만을 구분할 수 있다. 음표들 사이의 차이를 구분하는 능력은 일반적이지 않으며 훈련에 의해 배양된다. 그렇듯이, 완전히 잘못되지 않은 사람들이 모든 인간들에게 공통적인 자연적 원리로 보는 것들이 있다. 마음 속의 그런 것들이 상식이라 불린다."

91

당신이 인간들을 심판할 수 있다고? … 그렇다면, 소크라테스가 인간들을 자신의 모방자로 만들었듯이, 우리를 당신의 모방자로 만들도록 하라. "이것은 하고, 저것은 하지 마라. 명령을 어기면, 감옥에 가두겠다." 이런 태도는 인간을 이성을 가진 생명체로 다스리는 것이 아니다. 그보다는 차라리 이렇게 말하라. "신이 정한 대로 하라. 그렇게 하지 않으면, 당신은 징벌과 상실을 겪을 것이다."

그러면 당신이 어떤 상실이냐고 물을 것이다. 그 상실은 바로 이것이다. 당신이 해야 할 것을 하지 않음으로써, 당신의 내면의 성실과 경외심, 겸손을 잃는 것이다. 이것보다 더 큰 상실이 있는가?

92

"그의 아들이 죽었어." 무슨 일이 있었던 거야? "그의 아들이 죽었어." 다른 일은 없었어? "없었어."
"그가 배를 잃었어." 무슨 일이 있었어? "그가 배를 잃었어."
"그가 교도소로 잡혀갔어." 무슨 일이 있었던 거야? "그가 교도소로 끌려갔어."
그러나 이 사건들 중 어떤 것이 그 사람에게 불행한 일인지를 사람들은 모두 각자의 입장에서 판단한다. 당신은 이런 일들 때문에 신이 불공평한 존재로 여겨진다고 말한다. 왜 그런가? 신이 참을성 있는 위대한 영혼을 당신에게 주어서 그런가? 신이 그런 일을 사악한 일로 규정하지 않아서 그런가? 당신이 그런 일을 겪으면서도 행복할 수 있도록 해서 그런가? 일들이 제대로 돌아가지 않을 때, 신이 당신에게 떠날 문을 열어줘서 그런가? 친구야, 차라리 이곳을 떠나고, 비판을 멈추도록 하라!

93

당신이 크노소스[28] 총독이 되기 위해 배를 타고 로마로 갈 것이라고 나에게 말한다. 당신은 현재의 명예를 누리며 고향에 머무는 데에 만족하지 못한다. 당신은 더 크고 더 훌륭한 것을 원한다.

그러나 당신은 자신의 행동 지침을 되돌아보며 그릇된 것을 제거할 목적으로 그런 여행을 해 본 적이 있는가? 또 그런 목적을 위해 누구를 방문해 본 적이 있는가? 또 그런 목적을 위해 시간을 내어 본 적이 있는가? 그런 적이 있다면, 몇 살 때 그렇게 해 보았는가?

내 앞에서는 차마 부끄러워 당신의 인생을 돌아보지 못하겠다면, 당신 혼자서 세심하게 되돌아보도록 하라. 당신은 소년일 때 당신의 행동 지침을 검토한 적이 있는가? 모든 것을 지금 하고 있는 것과 똑같이 하지 않았는가? 아니면 웅변 학교에 다니며 웅변술을 연마하던 애송이 시절에, 당신은 스스로 무엇이 부족한지 깊이 생각해 본 적이 있는가? 그리고 젊은이가 되어 공적 활동을 시작하며 소송을 맡고 이름을 알리게 되었을 때, 당신은 세상에 당신과 대등한 사람이 있다고 생각해 보았는가? 그리고 당신은 누군가가 당신의 행동 지침을 검토하며 그것이 건전하지 않다는 점을 입증하는 순간을 견뎌낼 수 있는가? 그런데 당신은 나에게서 어떤 말을 듣기를 원하는가?

당신이 "이 문제를 해결하도록 좀 도와주십시오!"라고 외친다. 아, 나에게는 당신을 도울 수 있는 방법이 전혀 없다. 만약 당신이 원하는 것이

28 그리스 크레타 섬의 도시.

그것이라면, 당신은 나를 철학자로 여겨 찾아온 것이 아니라 야채 상인이나 구두 수선인으로 여겨 찾아왔다.

"그러면 철학자들은 무엇을 할 수 있습니까?"

어떤 일이 일어나든, 우리 인간을 지배하는 기능은 자연이 원하는 모습 그대로 남을 것이다. 당신은 이것이 사소한 문제라고 생각하는가? 절대로 그렇지 않다! 대단히 중요한 문제이다. 그런 문제가 짧은 시간 안에 해결될 수 있겠는가? 그런 문제가 무심한 사람에게 파악될 수 있겠는가? 할 수 있다면, 한 번 해 보도록 해!

그러면 당신은 "그래서 에픽테토스를 만났어!"라고 말할 것이다.

맞아, 당신이 조각상이나 기념물을 보듯이 나를 보았어! 그게 전부다. 그러나 사람을 만난다는 것은 상대방의 마음을 배우고, 거꾸로 상대방이 자신의 마음을 보도록 한다는 뜻이다. 나의 마음을 배우도록 하라. 그리고 당신의 마음을 나에게 보여 주라. 그런 경우라면 당신이 어딜 가서 나를 만났다고 말해도 좋다. 서로를 점검하도록 하자. 만약 내가 그릇된 행동 지침을 갖고 있다면, 나에게서 그것을 제거해 주라. 당신에게 그릇된 행동 지침이 있으면, 그것을 제거하도록 하라. 그것이 철학자를 만난다는 것이 의미하는 바이다.

당신은 이 경우는 그렇지 않다고 생각한다. 당신은 그냥 스치듯 방문하고 있을 뿐이다. 배를 빌려 타고 가서도 에픽테토스를 볼 수 있으니! 그래 놓고는 당신은 자리를 뜨며 이렇게 외친다. "에픽테토스가 이렇게 형편

없다니! 그의 말은 편협하고 거칠어!" 아니, 당신이 그런 식의 평가가 아니고 달리 어떤 식으로 평가할 수 있단 말인가?

94

당신이 좋아하든 싫어하든, 당신은 나보다 더 가난해!

"나에게 없는 게 뭔데?"

당신이 갖지 못한 것은 자연이 요구하는 안정된 마음, 즉 평온이다. 후원자가 있고 없고는 나에게 중요하지 않다. 그것은 당신 같은 사람이나 신경 쓸 문제이다. 나는 당신보다 더 부유하다. 나는 카이사르가 나에 대해 어떻게 생각하는가 하는 문제를 놓고 고민하지 않는다. 나는 그런 일로 어떤 사람에게도 아부하지 않는다. 이런 마음의 평온이 내가 금과 은으로 만든 그릇 대신에 갖추고 있는 것이다. 당신의 그릇은 금으로 만들어졌지만, 당신의 이성과 행동 지침, 관점과 성향은 흙으로 만들어졌다.

95

당신에게는 당신이 가진 모든 것이 매우 작아 보이고, 나에게는 내가 가진 모든 것이 매우 커 보인다. 당신의 욕망은 만족할 줄을 모르고, 나의 욕망은 언제나 만족하고 있다.

윗부분이 잘록한 단지에 손을 집어넣고 거기에 담긴 사탕을 끄집어내려고 애쓰는 아이를 보라. 사탕을 한 움큼 가득 쥐면 손을 빼지 못하게 된다. 그러면 아이는 울음보를 터뜨린다. "얘야, 사탕 몇 개만 놓아 보렴. 그러면 나머지를 끄집어낼 수 있잖아!"

당신도 욕망을 놓아주도록 하라. 그리고 너무 많은 것을 탐하지 않도록 하라. 그러면 당신은 얻게 될 것이다.

피타코스(Pittacus)[29]는 자신의 권력으로 충분히 처벌할 수 있는 사람에게 몹쓸 짓을 당했다. 그러나 그는 용서가 보복보다 더 훌륭하다고 판단하고 그 사람을 방면했다.
용서는 타고난 관대함을 보여주고, 보복은 잔인성을 보여준다.

29 고대 그리스의 일곱 현자 중 한 사람으로, B.C. 7세기에 레스보스 섬의 미틸리니를 통치했다.

97

"나의 형은 나에게 그런 식으로 행동하지 않았어야 했어."

그가 그렇게 해서는 안 되지만, 그건 어디까지나 형이 고쳐야 할 문제이다. 형이야 나를 어떻게 대하든, 나는 형을 제대로 대할 것이다. 이것이 나의 의무이고, 나를 잘못 대하는 것은 형의 문제이기 때문이다. 아무도 내가 그렇게 행동하는 것을 막지 못한다.

98

사람은 기본적으로 공동체를 형성하고 서로 사랑하고 대화를 통해 즐거움을 누리려는 경향을 보임에도 불구하고, 혼자서도 충분히 살아갈 수 있는 준비를 갖추고 있어야 한다. 신이 홀로 살고, 홀로 편안하고, 언제나 자신에게 어울리는 것들에 대해서만 생각하듯이, 사람도 자신을 벗삼아 살 수 있어야 한다.

따라서 우리는 자신과 대화할 수 있어야 하고, 함께 있을 사람을 필요로 하지 않고, 마음을 분산시킬 일을 바라지 않고, 생각의 초점을 신의 섭리에 맞추고, 자신이 다른 모든 존재들과 어떤 식으로 연결되어 있는지를 파악할 줄 알아야 한다. 아울러 인간의 사건들이 옛날에 인간에게 어떤 영향을 끼쳤는지, 그리고 오늘날 우리에게는 어떤 영향을 끼치고 있는지를 관찰해야 하며, 지금도 우리에게 해를 입히고 있는 사건들이 어떤 것인지를 파악하고, 그것들을 치유하거나 제거할 방법을 모색해야 한다. 향상이 필요한 것이 있으면, 그것을 이성에 따라 개선하는 것이 우리의 임무가 되어야 한다.

99

대화나 오락이나 친교를 위해 타인들과 자주 교류하는 사람은 반드시 자신이 그 사람들처럼 되거나 그 사람들이 자신처럼 된다는 것을 알아야 한다. 불을 붙인 석탄을 불이 붙지 않은 석탄 옆에 놓아 보아라. 그러면 불붙은 석탄이 옆의 석탄에 불을 붙이든가 아니면 옆의 석탄 때문에 꺼지는 결과가 나타날 것이다. 그럴 위험이 있기 때문에, 그런 종류의 친교를 받아들일 때에는 특별히 조심해야 한다.

숯검정을 묻힌 사람과 몸을 비비는 사람은 숯검정을 묻히지 않을 수 없다는 사실을 명심해야 한다. 대화가 검투사나 말(馬), 권투, 더 나아가 인물들의 성격으로 넘어가며 이런저런 사람을 비판하고 또 다른 사람을 인정하게 되는 상황에 처한다면, 당신은 어떻게 대처할 것인가? 혹은 어떤 사람이 남들을 비웃거나 조롱하며 스스로 나쁜 기질을 가졌다는 사실을 드러낸다면, 당신은 어떻게 할 것인가?

우리 중에서 수금(竪琴)의 현을 건드리자마자 음이 맞지 않다는 사실을 알아채고 조율할 줄 아는 그런 수금 연주자의 기술을 가진 사람이 과연 있는가? 당신들 중에서 소크라테스의 능력을, 말하자면 사람들과 대화할 때마다 상대방에게 자신의 확신을 심어줄 수 있는 능력을 가진 사람이 있는가? 한 사람도 없다.

당신은 교양 없는 사람들에게 이리저리 휘둘릴 것이다. 어째서 그 사람들이 당신보다 더 강할 수 있는가? 그들이 가슴으로 말을 하기 때문이다. 그들의 견해는 저급하고 타락했음에도 불구하고 그들의 진정한 확신이다. 반면에 당신의 세련된 말은 당신의 가슴이 아니라 입술에서 나온다. 그것이 당신의 말이 그렇게 약하고 죽어 있는 이유이다. 그런 당신의 말을 듣는 사람은 토할 것 같은 느낌을 받는다. 그런데도 당신은 자신의 한심한 미덕에 관한 이야기를 결코 중단하지 않는다. 이것이 천박한 사람들이 당신을 압도할 수 있는 이유이다. 힘이 있는 곳마다, 또 승리가 있는 곳마다, 거기엔 반드시 확신이 있다.

100

육체의 욕망 또는 혐오를 다스리는 훈련 방법을 당신의 육체에 적용하는 것은 대체로 유익하다. 그러나 과시용으로 채택한다면, 그 방법은 당신이 겉모습에 관심을 두고 있는 사람이라는 사실을 금방 폭로하기 마련이다. 당신은 숨겨진 목적을 추구하며 구경꾼들이 "야! 정말 대단한 사람이로군!"이라고 외치도록 유도한다. 이것이 아폴로니오스(Apollonius)[30]의 말이 그렇게 탁월하다는 평가를 듣는 이유이다.

"당신 자신을 아무도 모르게 훈련시키길 원한다면, 열기에 숨이 턱턱 막히는 시간까지 기다렸다가 훈련을 시작하라. 그리고 냉수를 입에 한 모금 머금었다가 다시 뱉도록 하라. 그래도 그 같은 사실에 대해 누구에게도 말하지 않도록 하라!"

30 A.D. 1세기에 활동한 그리스 철학자이자 종교 지도자.

101

가끔 건강한 사람처럼 살아가는 방법을 실천하라. 그렇게 하다 보면 나중에 당신은 건강한 사람처럼 행동할 수 있을 것이다. 가끔 음식을 삼가고, 물만 마시고, 욕망에서 비롯되는 모든 것을 삼가해 보라. 그러다 보면 어느 시점에 이르러 당신은 욕망을 이성과 일치시키게 될 것이다.

102

당신은 인간들을 이롭게 하길 원하는가? 그러면 당신 자신이 본보기가 되어 그들에게 철학이 어떤 부류의 인간을 만들 수 있는지를 보여줄 것이며, 어리석은 일에 관심을 쏟지 않도록 하라.

음식을 먹을 때, 당신과 함께 먹는 사람들에게 친절을 베풀어라. 무엇인가를 마실 때, 당신과 함께 마시는 사람들에게 친절을 베풀어라. 모든 사람들에게 양보하고 모든 사람들을 관대하게 대하라. 그것이 당신이 그들을 이롭게 하는 길이다. 그들에게 당신 자신의 나쁜 기질을 강요하지 않도록 하라!

103

혼자서는 노래를 부르지 못하고 합창에서만 노래할 수 있는 뒤떨어진 배우들이 있듯이, 홀로 걷지 못하는 사람들이 있다.
조금의 가치라도 지니는 사람이라면, 합창에서 입만 벙긋할 것이 아니라 홀로 걷고, 자신과 대화하도록 하라! 사색하며 시간을 보내고, 주변을 살피고, 자신의 진정한 본질을 발견하기 위해 최선의 노력을 기울여라!

104

당신은 올림픽 경기에서 우승하고 싶다고 말할 수 있다. 그래도 괜찮다. 그러나 먼저 우승자가 된다는 것이 무엇을 의미하는지, 그 결과 어떤 일이 벌어질 것인지에 대해 깊이 생각하라. 그런 식으로 심사숙고한 뒤에도, 그것이 당신에게 유익하다는 판단이 선다면, 그때는 그 길을 추구하도록 하라.

당신은 규칙에 맞춰 생활해야 하고, 음식도 조절해야 하고, 맛있는 육류도 피해야 하고, 더우나 추우나 정해진 시간에 꼭 육체를 단련시켜야 하고, 냉수를 마시지 말아야 하고, 포도주도 마시지 말아야 한다. 한마디로 말해, 당신은 의사에게 당신의 몸을 맡기듯이, 트레이너에게 당신 자신을 완전히 맡겨야 한다.

경기가 벌어지는 동안에, 당신은 땅바닥에 내동댕이쳐지거나, 팔이 탈구하거나, 발목을 삐거나, 모래를 삼키거나, 채찍을 맞을 수 있다. 어쩌다 이런 일이 일어나기만 해도 승리의 기회를 잃을 수 있다. 그 경기가 당신에게 안길 수 있는 피해를 다 고려한 뒤에도 올림픽 경기에 선수로 나서고 싶은 마음이 여전하다면, 레슬러의 길을 걷도록 하라. 만약 그렇지 않다면, 당신은 레슬러가 되고 싶다고 했다가 검투사가 되고 싶다고 하고, 트럼펫을 연주하고 싶다고 했다가 배우가 그럴싸하다며 배우가 되고 싶다고 하는 아이들이나 다를 바가 없다.

당신은 어린아이와 똑같다. 당신은 레슬러도 되고 싶어 하고, 검투사도 되고 싶어 하고, 철학자도 되고 싶어 하고, 웅변가도 되고 싶어 하지만,

그 중 어느 것에도 전념하지 않는다. 당신은 늘 눈에 보이는 것을 베끼기만 하며 어느 한 가지에 집중하지 못하는 원숭이와 비슷하다. 당신은 어떤 것에 익숙해지면 금방 그것에 싫증을 낸다.

이런 현상은 당신이 일을 시작하기 전에 그 일에 대해 깊이 생각하지 않기 때문에 일어난다. 당신은 그 일을 모든 각도에서 충분히 보지 않았다. 당신은 생각하지 않고 선택했다. 따라서 당신의 욕망의 불은 신속히 꺼지기 마련이다. …

친구야, 먼저 당신이 하고자 하는 것이 무엇인지에 대해 생각하고, 이어서 당신이 해낼 수 있는 것이 무엇인지에 대해 생각하라. 만약 레슬러가 되기를 원한다면, 먼저 당신의 어깨와 허벅지, 허리 부분에 대해 생각하라. 모든 남자들이 동일한 목적을 위해 존재하는 것은 아니니 말이다.

당신은 지금처럼 행동하며 철학자가 될 수 있는가? 그런 식으로 먹고 마시고, 화와 짜증을 폭발시키는 버릇을 계속 유지하면서? 절대로 안 된다. 당신은 방심하지 말아야 하고, 노력도 해야 하고, 일부 욕망을 극복해야 하고, 친한 친구들을 포기해야 하고, 당신의 노예가 당신을 경멸하는 것도 용납해야 하고, 만나는 사람들로부터 조롱도 들어야 하고, 공적 생활의 모든 영역에서 가장 낮은 지위에 만족할 줄도 알아야 한다.

이 모든 것을 신중히 검토한 뒤에도 만약에 생각한 그것을 추구하고 싶은 마음이 여전하다면, 그때는 그 길을 추구하도록 하라. 만약 그런 대가를 기꺼이 치를 뜻이 있다면, 당신은 자유와 평온과 평화를 얻을 것이다.

105

음악 공부를 하지 않은 사람은 음악에 관한 한 어린아이나 마찬가지이고, 읽기를 배우지 않은 사람은 배움에 관한 한 어린아이나 마찬가지이고, 철학을 배우지 않은 사람은 인생에서 어린아이나 마찬가지이다.

106

당신은 그런 부류의 인간들로부터도 뭔가를 배울 수 있다고? 물론이다. 모든 사람들로부터 이로운 것을 끌어낼 수 있다.

"뭐라고? 모든 사람을 비판하는 사람한테도 배울 것이 있다고?"

그렇다면, 레슬러가 평소에 자신을 훈련시키는 사람으로부터 어떤 혜택을 누릴 수 있는지 말해 보라. 대단히 큰 혜택이다. 트레이너가 레슬러에게 인내심을 키우고, 기질을 다스리고, 점잖게 행동하는 훈련을 할 기회를 주니 말이다.

당신은 그 점을 부정한다. 레슬러의 목을 감고 허리와 어깨를 치는 남자는 그에게 이롭지만, … 그에게 기질을 다스리도록 훈련시키는 사람은 전혀 이롭지 않다고? 이거야말로 주변 사람들로부터 무엇인가를 배우는 방법을 모른다는 것이 어떤 의미인지를 여실히 보여주는 예이다.

나의 이웃이 나쁜 사람인가? 그 사람은 그 사람 자신에게 나쁘지만, 나에게는 이롭다. 그 사람이 나에게 참고 견디는 방법을 가르치고 점잖게 처신하는 방법을 가르치니 말이다. 나의 아버지가 나쁜가? 나의 아버지는 그 자신에게는 나쁘지만 나에게는 이롭다. 이것은 헤르메스의 지팡이[31]와 비슷하다. 전해오는 이야기에 따르면, 당신이 좋아하는 것을 그 지팡이로 건드리면, 그것이 금으로 변한다고 한다.

아니, 당신이 원하는 것이면 무엇이든 갖고 와라. 그러면 내가 그것을 훌

31 그리스 신화에서 헤르메스가 들고 다녔던 지팡이는 카두케우스라 불린다. 두 마리의 뱀이 지팡이를 감고 있는 형상으로 만든 이 지팡이는 전령사나 심부름꾼을 상징한다.

륭한 것으로 바꿔놓을 테니. 나에게 병이나 죽음, 빈곤, 치욕을 안기며 평생 시련에 시달리도록 해 보라. 그러면 나는 이 모든 것을 헤르메스의 지팡이로 이로운 것으로 바꿔놓을 것이다.

107

올바른 의견이 당신의 내면에 견고하게 확립될 때까지, 그리고 당신이 스스로를 보호할 수 있을 만큼 강해질 때까지, 교양 없는 사람들과 어울릴 때 특별히 조심하라. 그렇게 하지 않으면, 당신이 학교에서 배운 것은 햇빛에 노출된 밀랍(蜜蠟)처럼 점차 녹아 사라지고 말 것이다. 그러니 당신의 감정들이 밀랍과 비슷한 상태에 있는 동안에는, 그것들을 햇빛이 들지 않는 곳에 고이 간직하도록 하라.

108

우리는 이 일에 달리 접근해야 한다. 이 일은 중대하고 신비로우며, 절대로 평범하지 않고, 모든 사람들에게 주어지지도 않는다. 젊은이들을 돌보는 일은 지혜만으로 충분하지 않다. 그런 일을 맡은 사람은 어느 정도의 적성과 어떤 신체적 특성을 갖춰야 하며, 무엇보다 신의 조언을 받아들여야 한다. 신은 소크라테스에게 오류를 반박하는 역할을, 디오게네스에게 냉소적인 발언을 하는 역할을, 제논에게 긍정적인 가르침을 전하는 역할을 맡겼다.

한편, 당신은 약만 갖춰놓고 의사라고 주장하는 사람이나 다를 바가 없다. 당신은 약들을 어디에 어떻게 쓰는지에 대해서는 알지도 못하고 관심을 두지도 않는다.

109

당신을 만족시키는 것이 오직 추상적인 원리들뿐이라면, 차분히 자리에 앉아서 마음속으로 그것들을 세밀히 검토하되, 절대로 당신 자신을 철학자라고 부르지도 말고, 타인들이 당신을 그런 이름으로 부르게 하지도 마라. 당신은 이렇게 말해야 한다. "욕망과 충동에 변화가 없었으니, 아직 나는 철학자가 아니야. 나는 지금까지 해 오던 방식을 그대로 고수하고 있고, 감각적인 것들을 다루는 방식도 바꾸지 않았어."

110

키니코스 학파의 견해 쪽으로 기운 어느 친구가 에픽테토스에게 키니코스 학파 철학에 대해 대략적으로 설명해 달라고 부탁하며, 진정한 키니코스 학파 철학자는 어떤 부류의 인간이어야 하는지 물었다. 이에 에픽테토스는 이렇게 대답했다.

"그 문제는 앞으로 시간이 날 때 고려해 보겠네. 우선 당장은 이렇게 말하는 것으로 만족할까 하네. 만약 어떤 사람이 그렇게 중요한 문제에 신의 도움 없이 헌신하겠다고 나선다면, 신이 그에게 화를 낼 걸세. 그런 사람은 공개적으로 상스럽게 행동하는 외에 다른 목적을 전혀 갖고 있지 않은 것이나 다름없네. 사람은 쾌적한 집에 있을 때조차도 자신이 그곳의 주인이라는 식으로 말해서는 안 되네. 만약 그런 식으로 말한다면, 그 집의 지배자가 그 같은 사실을 알아차리게 되고, 그가 집 안에서 거만하게 명령을 내리는 것을 지켜보다가 그를 앞으로 끌어내서 혼을 낼 걸세. 이 위대한 도시와 세상도 마찬가지라네. 여기도 모든 사물들에게 명령을 내리는 지배자가 따로 있네.

'그대는 태양이어라! 그대는 그대의 궤도 안에서 해(年)와 계절을 일으키고, 땅의 열매들이 자라고 증식하도록 명령하고, 바람이 일어났다가 잦아들게 하는 능력을 발휘하라. 그대는 또 인간들의 육체를 따뜻하게 덥히고, 궤도를 돌며 만물에게 그대의 온기를 전하라. 가장 높은 곳에서부터 가장 낮은 곳에 이르기까지, 온곳에!'

'그대는 군대를 이끌고 트로이와 싸울 수 있다. 그대는 아가멤논

(Agamemnon)[32]이어라.'

'그대는 헥토르(Hector)[33]와 결투를 벌일 수 있다. 그대는 아킬레우스(Achilleus)[34]이어라!'

그러나 만약 테르시테스(Thersites)[35]가 끼어들며 전체 군대를 지휘하도록 해 달라고 요구한다면, 그의 요청을 거부해야 할 것이며, 혹시 그에게 그런 지휘권이 주어진다면, 그 일은 최종적으로 그가 모든 사람들 앞에서 창피를 당하는 것으로 끝나고 말 것이네."

32 미케네 왕국의 왕으로, 트로이 전쟁에서 그리스 동맹군의 총지휘관을 맡았다.

33 트로이 왕 프리아모스(Priamos)와 헤카베(Hecabe)의 아들로 트로이 전쟁에서 크게 활약했으나 아킬레우스에게 죽음을 당했다.

34 그리스 신화 속의 영웅인 펠레우스와 바다의 여신 테티스의 아들로 영웅이다. 호메로스의 서사시 '일리아스'의 주인공들 중 한 명이다. 절친 파트로클로스가 트로이 전쟁에서 전사하자 그의 죽음에 대한 보복에 나선다.

35 트로이 전쟁에 참가했던 그리스 병사. 다른 전쟁 영웅은 왕 아니면 장군이었으나 테르시테스는 계급이 낮은 평민이었다. 호메로스의 '일리아스'에 지독한 독설가이자 못난이로 묘사된다. 그는 아킬레우스를 "겁쟁이"라고 욕하고, 오디세우스를 비난하고, 아가멤논을 "욕심쟁이"라고 조롱했다.

111

당신은 화나 적의나 시기나 동정을 느끼면 안 된다. 당신의 눈에 소녀가 아름답게 보여도 안 된다. 당신은 사소한 명성을 사랑해서도 안 된다. 당신은 소년에게 끌려서도 안 된다.

다른 사람들은 그런 행동을 할 때 자신을 벽들과 집들로 둘러싸고 어둠 속에 숨으려 할 것이며, 그들은 자신을 숨길 장치를 많이 갖고 있다. 어떤 사람은 문을 닫고 문 앞에 보초를 배치하고는 누구든지 오면 "주인님은 출타 중이십니다!"라고 하라고 시킨다.

그러나 진정한 키니코스 학파 철학자는 그런 수단들을 동원하지 않으며, 대신에 스스로를 보호하는 도구로 겸손을 이용할 것이다. 그렇게 하지 않으면, 키니코스 학파 철학자는 하늘 아래에서 발가벗은 채 창피를 당하고 말 것이다. 겸손이 키니코스 학파 철학자의 집이 되고, 문이 되고, 방을 지키는 노예가 되고, 어둠이 되어야 한다.

112

죽음이 닥친다고? 나의 일부만을 공격하든 아니면 전체를 공격하든, 죽음이여, 언제든지 오고 싶을 때 오도록 하라. 달아나라고, 당신이 나에게 말한다. 그런데 어디로 달아나란 말인가? 누가 나를 세상의 경계 밖으로 내던질 수 있는가? 그런 일은 절대로 있을 수 없다. 내가 어디를 가든, 거기에 태양이 있고, 달이 있고, 별들과 꿈들과 전조(前兆)들이 있고, 신들과의 대화가 있을 것이다.

113

진정한 키니코스 학파 철학자는 죽음을 준비하는 것으로 만족하지 않는다. 그는 자신이 신에 의해서 인간들에게 보내진 사자(使者)라는 것을 알아야 한다. 그가 신의 사자로 온 이유는 인간들이 선과 악에 대해 잘못 알고 있다는 사실을 깨닫도록 하기 위함이다.

인간들은 선과 악이 발견될 수 없는 곳에서 선과 악을 찾고 있으며, 선과 악이 실제로 어디에 있는지에 대해서는 생각조차 하지 않는다. 카이로네이아 전투[36]가 끝난 뒤에 필리포스(Philippos) 2세 앞에 불려간 디오게네스처럼, 키니코스 학파 철학자는 스스로 스파이 같은 존재라는 것을 기억해야 한다.

키니코스 학파 철학자는 정말로 인류에게 유익한 것이 무엇이고 인류에게 해로운 것이 무엇인지를 보고하는 임무를 띤 스파이이다. 그리고 모든 것을 유심히 살핀 뒤에, 정확한 보고서를 제시해야 한다. 겁을 먹고는 적이 아닌 사람을 적이라고 하는 일도 없어야 하고, 관찰한 것을 혼동하는 일도 없어야 한다.

36 필리포스 2세가 지휘하는 마케도니아와, 아테네와 테바이가 주도한 도시 국가들 사이에 B.C. 338년에 보이오티아의 카이로네이아 인근에서 벌어진 전투를 말한다. 마케도니아의 승리로 끝났다. 디오게네스는 이 전투에서 필리포스 2세의 포로가 되었으나, 필리포스 2세가 그의 대담한 언동에 강한 인상을 받고 그를 풀어주었다.

114

"아무것도 소유하지 않은 사람, 그러니까 옷도 없고, 집도 없고, 가정도 없고, 하인도 없고, 도시도 없는 사람이 그런 상황에서도 편안한 마음으로 행복하게 사는 것이 어떻게 가능한가?"

그런 일이 틀림없이 가능하다는 사실을 보여주기 위해 신이 어떤 인간을 이곳으로 보냈다.

"나를 보라! 나는 도시도 없고, 집도 없고, 소유물도 없고, 하인도 없다. 나의 침상은 땅바닥이다. 아내도 없고, 아이도 없고, 피난처도 없다. 땅과 하늘, 그리고 궁상맞은 망토가 전부다. 그래도 나에게 부족한 것이 있는가? 내가 슬픔과 공포를 느끼는가? 내가 자유롭지 않은가? 내가 인간이나 신이나 사물들에 대해 불평한 적이 있는가? 내가 누구를 비난한 적이 있는가? 내가 슬픈 표정을 짓는 것을 본 사람이 있는가? 그리고 당신이 두려워하며 경외하는 사람들을 내가 어떻게 다루는가? 그들을 노예와 동등한 사람으로 여기지 않는가? 그런 나를 보는 사람은 자신의 주인과 왕을 보고 있다고 생각하지 않겠는가?"

이런 것이 키니코스 학파 철학자들의 언어이고, 그들의 인격이고, 그들의 목표이다.

115

더욱 신중하게 생각하고, 당신 자신을 알고, 신의 조언을 듣고, 신을 생각하지 않고는 어떤 일도 하지 않도록 하라.

116

젊은이가 물었다. “그러나 결혼하여 아이들을 낳는 것은 키니코스 학파 철학자에게도 중요한 의무로 받아들여지지 않겠습니까?”

이에 에픽테토스는 이렇게 대답했다.

“나에게 현자들의 공화국을 하나 줘 봐라. 아마 그들 중 어느 누구도 경솔하게 키니코스 학파의 삶의 방식을 택하지 않을 것이다. 현자가 왜 그런 삶의 방식을 선택하겠는가? 그러나 현자가 그런 삶의 방식을 선택한다고 가정한다면, 그가 결혼하고 아이들을 키우는 것을 막을 것은 아무것도 없다. 그의 아내도 그 사람과 같은 부류의 사람일 것이고, 그녀의 아버지도 그런 사람일 것이고, 그의 아이들도 그 사람처럼 키워질 것이다. 그러나 전투에 임하는 군대와 비슷한 현재의 사회적 상황에서, 키니코스 학파 철학자는 주의를 분산시키는 온갖 일들로부터 자유로운 상태에서 전적으로 신을 섬기는 일에 헌신해야 하지 않겠는가? 그래야만 그 철학자가 보통 사람들과 달리 의무에도 얽매이지 않고 공통적인 삶의 관계들에도 얽히지 않은 상태에서 인간들 사이를 자유롭게 오갈 수 있지 않겠는가? 그가 의무를 위반하는 경우에는 선하고 진실한 인간이라는 평판을 희생시키게 될 것이고, 그가 의무에 충실할 경우에는 신들의 사자(使者)와 스파이, 전령의 역할을 더 이상 하지 못하게 될 것이기 때문이다.”

117

키니코스 학파 철학자가 국가의 통치에 관여해야 하는지에 대해 당신이 나에게 묻고 있다. 바보 같으니! 당신은 키니코스 학파 철학자가 지금 관여하고 있는 것보다 더 고결한 통치를 떠올릴 수 있는가? 어떤 사람의 임무가 모든 인간들, 말하자면 아테네인들과 코린트인들, 로마인들과 함께 세입이나 세출, 평화나 전쟁이 아니라, 행복과 불행, 번영과 역경, 예속과 자유 등을 놓고 대화하는 것일 때, 그 사람이 아테네 의회에 나가서 세입과 세출에 대해 논하는 것이 적절한가?

당신은 모든 인간들을 대상으로 행복과 불행, 예속과 자유를 논하는 사람이 국가의 통치에도 관여해야 하는지에 대해 묻고 있는가? 그가 사람들을 통치해야 하는지에 대해 물어보라. 그러면 나는 다시 이렇게 대답할 것이다. 바보 같으니라고, 그가 이미 갖고 있는 권력보다 더 큰 권력으로 어떤 것이 있을 수 있는가?

118

모든 인간을 대상으로 활동하는 사람은 어떤 육체적인 습관을 들일 필요가 있다. 만약 그 사람이 결핵 환자처럼 허약하고 창백하다면, 그가 하는 말은 동일한 권위를 지니지 못한다. 그는 자신의 영혼이 어떤 모습인지를 분명히 보여줌으로써, 배움이 깊지 않은 사람들에게 그들이 감탄하는 것을 갖추지 않아도 선한 사람이 될 수 있다는 것을 증명해 보여야 할 뿐만 아니라, 하늘을 지붕 삼아 대단히 검소하고 소박한 삶을 살아도 육체에 전혀 아무런 해를 끼치지 않는다는 사실까지 자신의 육체를 통해 보여줘야 한다.

"나의 몸을 보라. 내가 그 점을 확실히 보여주는 증거이니라!"

디오게네스는 매우 건장한 모습으로 돌아다녔으며, 그러면 단단한 그의 육체 자체가 사람들의 눈길을 끌었다. 그렇지 않고 키니코스 학파 철학자가 동정의 대상이 된다면, 그 사람은 아마 일개 거지처럼 보일 것이다. 모두가 그를 피할 것이고, 모두가 그 사람 때문에 기분이 상하게 될 것이다. 사람들이 겁을 먹고 달아나도록 하지 않기 위해서, 키니코스 학파 철학자는 외모가 단정하지 않으면 절대로 안 된다. 그의 거친 겉모습은 말쑥하고 매력적이어야 한다.

119

왕들과 독재자들은 정작 본인이 사악한 존재이면서 사람들을 처벌하기 위해 무장 경비병을 둔다. 그러나 키니코스 학파 철학자는 무기와 경비병이 아니라 양심으로부터 동일한 권력을 얻는다. 키니코스 학파 철학자는 자신이 인류를 지키고 인류를 위해 일해 왔다는 것을, 또 자신이 순수한 상태에서 잠들었다가 더욱 순수한 상태에서 잠에서 깨어났다는 것을 알고 있다. 또 그 철학자는 자신의 생각이 신들의 친구로서, 최고신(제우스)의 통치에 참여하는 자로서 떠올리는 것이라는 것을, 또 자신이 언제나 "오, 신이시여! 오, 운명이시여! 나를 이끄소서!"라고 말할 뿐만 아니라 "만약 이것이 신의 뜻이라면, 그렇게 되게 하소서!"라는 말까지 하고 있다는 사실을 알고 있다.

그런 그가 자신의 동포들과 자식들에게, 한마디로 말해 자신과 관계있는 모든 사람들에게 대담하게 말하지 못할 이유가 있겠는가?

120

철학자가 사람들에게 자기한테 와서 자신의 말을 들어 달라고 호소하는가? 철학자는 오히려 자신의 본성을 통해서 사람들을 끌어들일 수 있어야 하지 않는가? 태양이 사람들을 따뜻하게 지켜주고, 음식이 그들을 계속 살아갈 수 있도록 지키는 것처럼.
어떤 의사가 사람들에게 자기한테 와서 치료를 받으라고 선전하는가? (오늘날 로마의 의사들은 환자들에게 선전하고 있다는 소리가 들리지만, 나의 시대에는 사람들이 의사에게 치료해 달라고 부탁했다.) 나는 당신에게 이리 와서, 당신이 그릇된 길을 걷고 있다는 이야기를 들으라고 요구한다. 또 당신의 관심을 가장 많이 받아야 할 것이 당신의 보살핌을 제대로 받지 못하고 있을 뿐만 아니라 당신이 선과 악을 구분하지 못한다는 사실에 대해, 한마디로 말해 당신은 가망 없는 인간이라는 사실에 대해 들으라고 요구한다. 이거야말로 정말 멋진 선전이 아닌가! 그러나 만약 당신이 철학자로부터 이런 메시지를 받지 못한다면, 그 철학자나 그가 하는 말이나 똑같이 아무런 가치를 지니지 못한다.

121

철학자의 학교는 수술실과 비슷하다. 그 학교에서 당신은 쾌락이 아니라 고통을 느껴야 한다. 이유는 그 학교에 들어갈 때, 어느 누구도 완전하지 않은 상태이기 때문이다. 한 사람은 어깨 관절을 다쳤고, 다른 한 사람은 종기가 났고, 세 번째 사람은 궤양으로 고생하고, 네 번째 사람은 두통을 앓고 있다.

그런데 내가 자리에 앉아서 당신이 유쾌한 기분을 느끼며 자신에 대해 의기양양하게 생각하도록 해 줘야 하는가? 그렇게 함으로써, 당신이 나를 칭찬하며 수술실을 나서도록 해야 하는가? 당신의 어깨 관절이나 두통이나 궤양이나 종기는 그 방문으로 인해 조금도 더 나아지지 않고 그대로 남아 있는데도? 이것이 젊은이들이 부모와 친구와 가족과 부(富)를 뒤로하고 가정을 떠나며 추구하고자 하는 것인가? 젊은이들이 당신의 공허한 말에 박수갈채를 보내기 위해서 집을 떠나야 한단 말인가?

122

스스로 불행하다고 생각하는 사람이 있으면, 그 사람의 불행은 순전히 그 사람 자신 때문이라는 진실을 깨닫도록 해 주라. 신은 모든 인간이 행복과 좋은 것을 누리도록 창조했다.

123

철학의 가르침이 사람들의 귀에 마법사의 말처럼 들리지 않는다면, 사람들은 절대로 철학에 귀를 기울이지 않을 것이고, 따라서 성숙을 이루지 못할 것이다.
이 세상은 하나의 큰 도시이고, 그 도시는 단 하나의 본질로 이뤄져 있다. 그러기에 한 사물이 다른 사물에게 자리를 물려주는 시기가 틀림없이 있어야 한다. 일부 사람들은 다른 사람들이 성공할 수 있도록 죽어야 한다. 또 일부는 떠나야 하고 일부는 머물러야 한다. 그러나 만물은 서로 친구임에 틀림없다. 먼저 신이 있고, 다음에 인간들이 있으며, 자연은 신과 인간들을 서로 단단히 묶어 놓았다.

124

그 영웅[37]은 적절한 때에 결혼해서 아이들을 낳았으며, 그는 자식들을 고아로 남겨 놓고 떠나면서도 절대로 울거나 한탄하지 않았다. 그가 어떤 인간도 고아가 아니라는 것을 알고, 또 모든 사람을 영원히 돌보는 존재가 아버지 신이라는 것을 알고 있었기 때문이다. 그는 최고신이 인간들의 아버지라는 것을 그냥 들어서 아는 것이 아니었다. 그는 실제로 그렇게 믿고 있었으며, 그는 매사에 임하며 언제나 신을 생각했다. 그래서 그는 어딜 가든 행복할 수 있었다.

37 헤라클레스를 뜻한다.

125

삶이 일종의 전쟁이라는 것을 당신은 모르는가? 한 사람의 의무는 경계를 서는 것이고, 또 다른 사람의 의무는 정찰을 나가는 것이고, 세 번째 사람의 의무는 전투를 벌이는 것이다. 모두가 한 자리에 있을 수 없으며, 그렇게 할 수 있다 하더라도, 그것은 도움이 되지 않는다.

그런데도 당신은 지휘관의 명령을 순순히 따르지 않고, 평상시보다 힘든 일을 할 것을 요구하면 불평을 터뜨린다. 그러는 당신은 그 불평이 군대의 사기를 어떤 식으로 떨어뜨리는지를 이해하지 못한다. 모두가 당신의 예를 따른다면, 참호를 파는 사람도, 숙영지 주위에 성벽을 쌓는 사람도, 경계를 서는 사람도, 스스로를 위험에 노출시키는 사람도 없을 것이다. 모두가 전쟁 수행에 쓸모없는 존재인 것으로 확인될 것이다. … 이곳의 상황이 꼭 그렇다.

모든 사람의 삶은 꽤 긴 시간 동안 다양한 모습으로 전개되는 일종의 전쟁이다. 당신은 군인의 의무를 다해야 하고, 당신의 지휘관이 명령하는 모든 것에 복종해야 한다. 가능하다면, 당신의 지휘관이 당신에게 원하는 것이 무엇인지 짐작하도록 하라. 그러면 당신의 행동과 당신의 지휘관이 명령하는 행동 사이에 전혀 아무런 차이가 없을 것이다.

126

당신은 또 다시 망각했는가? 선한 인간은 겉모습에는 신경을 조금도 쓰지 않고 올바르게 행동하는 일에만 신경을 쓴다는 것을? …

"그러면 보상은 전혀 없습니까?"

보상이라고? 당신은 선한 인간에 대한 보상으로, 옳고 정의로운 행위를 하는 그 이상의 것을 원한단 말인가? 당신은 '위대한 경기'에서는 승리하는 것 외에 다른 것을 추구하지 않는다. 위대한 경기에서 당신은 승자라는 타이틀만으로 충분하다고 여긴다. 그런데 선한 인간이 되어 행복해지는 것이 당신에게는 그렇게 하찮아 보이는가?

127

소크라테스는 자기 자식들을 사랑하지 않았는가? 그도 자식들을 사랑했다. 그러나 그 사랑은 그가 자유 시민으로서, 그리고 자신이 무엇보다 신들의 친구가 되어야 한다는 것을 알았던 사람으로서 한 사랑이었다. 이 때문에, 소크라테스는 평의회 위원이나 군인으로 활동했던 삶의 전반부뿐만 아니라 법정에서 자신을 변호하거나 자신에 대한 벌을 책정하면서도 선한 인간이 되는 데에 방해가 될 행위를 조금도 하지 않을 수 있었다. 그러나 우리는 비열한 성품에 대한 구실로 온갖 것이 제시되는 것을 보아왔다. 어떤 사람은 아이를 내세우고, 또 어떤 사람은 어머니를 내세우고, 다른 사람들은 형제를 내세웠다.

그러나 우리가 특정한 개인 때문에 불행해지는 것은 우리에게 어울리는 길이 아니며, 모든 사람들 때문에, 특히 우리 인간을 행복을 추구하도록 창조한 신 때문에 행복해지는 것이 우리에게 어울리는 길이다.

128

뭐라고? 디오게네스가 어떤 인간도 사랑하지 않았다고? 그렇게 부드럽고, 또 인류의 이익을 위하여 육체적 고난을 유쾌하게 견뎌낼 정도로 인간들에게 진심이었던 위대한 친구 디오게네스가? 그러나 그는 인류를 어떤 식으로 사랑했는가? 인간들을 돌보고 신의 명령에 복종하면서, 최고신의 대리자에게 어울리는 방식으로 인류를 사랑하지 않았는가?

129

나는 자연에 의해 행복을 누리도록 창조되었지, 고통을 겪도록 창조되지 않았다.

130

당신이 사랑하는 사람이 죽을 운명을 타고났다는 것을, 당신이 사랑하는 사물이 당신의 것이 아니라는 것을 기억하라. 그것은 당신에게 잠깐 동안 맡겨진 것이지 영원히 주어진 것이 아니다. 그것은 한 해 중 적절한 계절에 생겨나는 무화과나 포도처럼 당신에게 주어졌을 뿐이다. …

"그러나 이것들은 불길한 조짐을 암시하는 단어들이야." …

뭐라고? 당신은 실제로 사악한 것을 의미하지 않는 단어를 어떻게 불길을 뜻하는 것으로 볼 수 있는가? 당신이 원한다면, 비겁은 불길한 단어이고, 정신의 비열함과 슬픔과 비탄, 뻔뻔함도 그런 단어라고 치자. … 그래도 제발 자연 현상을 의미하는 단어를 불길한 단어라고 부르지 않도록 하자. 마찬가지로 옥수수의 수확도 흉조(凶兆)로 보지 않도록 하자. 그것이 옥수수 이삭의 파괴를 의미할 뿐이며 세상의 파괴를 의미하지는 않으니까!

또 나뭇잎이 떨어지는 것을 흉조로 여기지 않도록 하자. 말린 무화과가 푸른 무화과를 대체하고, 건포도가 포도를 대체해야 하니 말이다. 이 모든 것들은 현재의 단계에서 다른 단계로 변화하는 것일 뿐이며, 따라서 파괴가 아니라 자연의 질서이고 확립된 순환이다. 그것은 집을 떠나는 것이고, 작은 변화에 지나지 않는다. 죽음도 그런 것과 비슷하지만, 죽음은 현재의 당신의 모습에서 무(無)가 아닌 다른 무엇인가로 바뀌는, 보다 큰 변화이다.

"그러면 나는 더 이상 존재하지 않게 되는가?"

그렇지 않다. 당신은 존재한다. 그러나 이제 당신은 세상이 필요로 하지 않는 다른 그 무엇으로 존재한다. 당신은 자신이 태어날 때를 선택하지 않았다. 당신은 세상이 당신을 필요로 하는 때에 태어났다.

131

그런 까닭에, 선하고 진실한 사람은 자신이 어떤 존재인지, 자신이 어디서 왔는지, 자신이 누구에게서 태어났는지를 가슴에 새기며 오로지 어떻게 하면 자신의 입장에서 의무를 다하고, 신에게 충실히 복종할 수 있는지에 대해서만 신경을 쓴다.

당신은 내가 계속 살기를 바랍니까? 그렇다면 나는 당신이 원하는 바에 따라 자유롭고 고귀한 인간으로서 살아갈 것입니다. 왜냐하면 당신이 나의 삶을 방해하는 요소들을 다 제거해 주었기 때문입니다. 그런데 당신은 지금 더 이상 나를 필요로 하지 않습니까? 그러면 나는 당신에게 감사드리며 떠날 것입니다. 이 시간까지 나는 다른 존재가 아니라 바로 당신을 위해서 여기 머물렀으며, 지금 당신에게 복종하며 이곳을 떠납니다.

"그대는 어떻게 떠날 것인가?"

다시 말하지만, 당신이 원하는 대로, 나는 자유로운 인간으로서, 당신의 종으로서, 당신이 명령하고 금지하는 것에 귀를 기울였던 사람으로서 떠날 것입니다.

132

당신이 나에게 어떤 장소 또는 지위를 할당하든, 나는 그것을 버리느니, 소크라테스가 말했듯이, 차라리 천 번을 죽을 것입니다. 당신은 내가 어디로 가기를 원합니까? 로마 또는 아테네로? 테바이 또는 어느 황량한 섬으로? 내가 그곳에 있을 때, 단지 나를 기억해주기만을! 만약 당신이 나를 자연에 순응하며 살 수 없는 곳으로 보낸다면, 나는 당신에게 불복해서가 아니라 당신이 나에게 떠나라고 명령하는 것으로 받아들이며 떠날 것입니다. 나는 당신을 버리지 않습니다. 그런 일은 나와 거리가 멉니다. 단지, 당신이 더 이상 나를 필요로 하지 않는다는 것을 파악했기 때문에 떠날 뿐입니다.

133

갸로스 섬(유배지)에서 지내고 있는 몸이라면, 로마에서의 삶과, 로마에서 살며 누렸던 온갖 쾌락에 대해 깊이 생각하지 않도록 하라. 그 모든 것을 당신은 로마로 돌아갈 때 다시 누리게 될 것이다. 그보다는 어떻게 하면 갸로스 섬에서 강한 사람처럼 살 수 있는지에 초점을 맞춰라. 그리고 만약 로마에서 지내고 있다면 당신의 마음이 아테네의 삶에 대해 깊이 생각할 것이 아니라, 오직 로마에서 사는 방법에 대해 공부하도록 하라. 최종적으로, 당신의 쾌락 목록에 이것을, 그러니까 신의 의지에 의식적으로 복종하는 데서 비롯되는 쾌락을 추가하도록 하라.

134

선한 사람에게는 살아 있는 동안이나 죽은 뒤에 사악한 일이 절대로 일어나지 않는다. 만약 신이 음식을 공급하지 않는다면, 그 신은 현명한 지휘관으로서 다른 것이 아닌 후퇴의 신호를 보내는 것이 아닐까? 그래서 나는 나의 지휘관을 칭송하고 그의 행동을 찬미하며 그의 명령을 따른다. 그의 명령에 따라 여기 왔고, 그가 원하는 때에 이곳을 떠난다. 살아 있는 동안에는, 신을 칭송하는 것이 나의 임무였노라.

135

인간에게 닥치는 온갖 악과 저급하고 소심한 행동의 중요한 원인이 죽음이 아니라 죽음에 대한 두려움이라는 사실을 늘 명심하도록 하라. 그래서 나는 당신에게 죽음에 대한 두려움을 떨칠 수 있도록 스스로를 단련시킬 것을 권한다. 당신의 모든 생각과 훈련과 독서는 이 두려움을 떨치는 방향으로 이뤄져야 한다. 그러면 당신은 그 길이 곧 인간이 자유로워지는 길이라는 진리를 깨달을 것이다.

136

자신이 살고 싶어 하는 길로 사는 사람은 자유롭다. 그런 사람에게 그 어떤 사람도 폭력을 행사하지 못하며, 누구도 그 사람을 저지하거나 명령하지 못한다. 그 사람의 소망과 욕망은 언제나 충족되고 있으며, 그 사람은 그릇된 걸음을 한 걸음도 떼지 않는다. 그런 경지에 이르렀는데, 누가 그릇된 삶을 살겠는가? 아무도 그릇된 삶을 살지 않을 것이다. 누가 기만당하며 쉽게 추락하는 삶을 살겠는가? 또 누가 불공정하고, 무절제하고, 비열하게 운명을 한탄하는 삶을 살겠는가? 그런 사람은 절대로 없다. 그렇다면 사악한 사람은 자신이 원하는 삶을 살고 있지 않으며, 따라서 그 사람은 자유롭지 못하다.

137

신중한 여행객은 이런 식으로 행동한다. 길에 강도가 많다는 소문이 돈다. 그러면 그 여행객은 과감하게 혼자 길을 나서지 않고 대사나 검찰관이나 식민지 총독과 동행할 수 있는 때를 기다린다. 그는 그런 인물이 이끄는 무리에 합류해서 안전하게 길을 통과한다. 현명한 사람은 세상 속에서 반드시 그런 식으로 행동한다.

세상에는 강도와 독재자도 많고, 폭풍도 잦고, 위험한 해협도 많다. 따라서 누구나 소중히 여기는 것을 몽땅 다 잃을 수도 있다. 그렇다면 안전을 위해서 어떻게 해야 하는가? 어떻게 해야 공격당하는 일 없이 안전하게 앞으로 나아갈 수 있을까? 나는 나 자신을 보호하기 위해 어떤 동행을 찾아야 하는가? 돈 많은 사람이나 집정관? 만약 그 부자나 집정관이 강도를 당해 울며 외치기 시작한다면, 나는 어떤 혜택을 볼 수 있는가? 만약 나의 동반자가 강도로 돌변하여 나를 강탈한다면, 그때 나는 어떻게 해야 하는가?

나는 카이사르의 친구가 될 수 있을 것이다. 카이사르와 함께 있는 한, 어느 누구도 나에게 그릇된 짓을 하지 않을 테니까!

그런데 카이사르의 친구가 되기 위해 내가 어떤 모욕을 감내해야 할까? 나를 강탈하려고 기다리는 강도들은 또 얼마나 많겠는가! 그리고 내가 카이사르의 친구가 되는 데에 성공한다 하더라도, 카이사르도 죽을 운명을 타고난 인간에 불과하지 않는가. 내가 어쩌다 그의 기분을 상하게 하기라도 하는 경우에 나는 그에게서 벗어나기 위해 어디로 달아나야 하는가? 황무지로? 거기서는 질병이 나를 기다리고 있지 않을까? 그렇다면 어떻게 해야 하나? 정직하고, 성실하고, 강하고, 기습 공격을 물리칠 수 있는 그런 동료를 발견하는 것은 불가능한가? 그래서 현명한 사람은 세상을 안전하게 살아가기를 원한다면 신과 결합해야 한다고 생각한다.

138

"사람이 자신을 신과 결합시킨다는 것을 당신은 어떤 뜻으로 받아들이는가?"

그것은 신이 원하는 것을 원해야 하고, 신이 원하지 않는 것을 원하지 않아야 한다는 뜻이다.

"그렇다면, 어떻게 해야 그렇게 되는가?"

신이 무엇을 하는지에 대해, 그리고 신이 어떤 식으로 지배하는지에 대해 깊이 생각하면 된다.

139

당신은 모든 것을 다른 존재의 손으로부터 받았다. 그런데 바로 그 존재가 당신에게서 어떤 것이든 갖고 간다면, 당신은 그를 탓하고 비난할 것인가? 당신은 누구인가? 당신은 여기에 무슨 목적으로 왔는가? 당신을 이 세상에 데리고 온 존재가 바로 그가 아닌가? 당신에게 빛을 비춰주고, 동료 일꾼들을 주고, 감각을 주고, 사고 능력을 준 것이 그가 아닌가? 그리고 그가 당신을 어떤 식으로 세상에 데리고 왔는가? 그가 당신을 이곳에 놓은 이유는 무엇인가? 당신이 죽을 운명을 타고난 인간으로서, 그리고 육신이라는 작은 임시 거처 안에서 세속의 삶을 살도록 보내진 인간으로서 살면서, 그의 지배를 보고, 그의 위대한 축제 행렬 속에서 잠시 그와 시간을 공유하도록 하기 위함이 아닌가?

그렇다면 지금 허용된 시간 동안에, 당신은 그의 경건한 잔치와 회합을 보도록 하라. 그러다가 그가 부를 때, 당신은 자신이 보고 들은 것에 대해 감사하고 그를 칭송하며 기쁜 마음으로 떠나야 하지 않겠는가? "아니, 나는 축제를 더 즐기고 싶습니다." 글쎄, 신비주의자들도 의식(儀式)을 더 오래 지속하길 원하고, 아마 위대한 경기를 즐기는 관중도 더 많은 레슬러를 보길 원할 것이다. 그러나 경건한 회합은 끝났어! 이리 나와서, 겸손하게 감사하는 마음으로 떠나도록 해. 그리하여 당신이 살았듯이, 다른 사람들이 살도록 길을 열어주도록 해.

140

당신은 왜 이다지도 탐욕스러운가? 당신은 왜 이다지도 비이성적인가? 당신은 왜 세상에 거치적거리려 하는가?

“하지만 나는 나의 아내와 아이들과 함께 있고 싶습니다.”

무엇이라고? 그들이 당신의 것이라고? 당신을 창조하고, 당신에게 그들을 준 신의 것이 아니고? 그러니 당신의 것이 아닌 것을 포기하도록 해. 그들을 당신보다 더 훌륭한 존재에게 넘기도록 해.

“절대로 그럴 수 없습니다. 그렇다면 그분은 왜 이런 세상에 사람을 데리고 왔습니까?”

세상이 당신한테 적절하지 않다면, 그냥 떠나도록 해! 그분에게는 자신의 운명을 탓하는 방관자는 전혀 필요하지 않아. 그분은 축제에 참여할 사람들을 필요로 하고 있어. 다른 사람들과 함께 목청을 높일 사람이 필요하다는 뜻이야. 그러면 인간들이 신을 찬양하는 소리도 더욱 커질 것이고, 위대한 회합도 찬송과 노래로 인해 더욱 고양될 거야.

그분은 비참하고 겁 많은 사람들이 그 회합에 없다는 사실에 전혀 신경을 쓰지 않아. 그들이 그 자리에 있다 하더라도 축제에 참가한 사람처럼 행동하지 않고, 마땅히 해야 할 일을 하지 않고, 오히려 고통을 겪는 것처럼 신음을 토하고, 자신의 운명과 동료들을 탓할 것이기 때문이지. 그런 사람들은 자신의 운명에 닥치는 것을 제대로 이해하지도 못하고, 자신이 매우 다른 목적을 위해 받은 힘들을, 말하자면 아량과 고결과 인내, 자유를 제대로 이해하지도 못해.

141

"그러면 당신은 자유로운가?" 어떤 사람이 이렇게 물을 수 있다. 신 앞에 맹세하건대, 나는 자유를 갈구하고 기원하고 있다. 그러나 나는 나의 주인들의 얼굴을 정면으로 보지 못한다. 나는 지금도 여전히 미천한 육체를 소중히 여기고 있으며, 육체를 건강하게 온전히 지키는 일에 매우 많은 노력을 기울이고 있다.

그러나 나는 당신에게 자유로운 인간을 보여줄 수는 있다. 따라서 당신은 구체적인 예를 찾으려고 더 이상 노력할 필요 없다. 디오게네스는 자유로운 사람이었다. 왜 자유로웠는가? 그가 자유의 몸으로 태어나서 자유로웠던 것이 아니라(실제로 그는 자유의 몸으로 태어나지 않았다), 스스로 자유로웠기 때문에 자유로울 수 있었다. 그는 자신에게서 예속적인 측면을 모두 제거했으며, 따라서 누구든지 그를 노예로 만드는 것은 불가능했다.

그는 모든 소유물에 애착을 거의 느끼지 않았다. 당신이 그의 소유물을 훔친다면, 그는 그 물건을 되찾으려고 당신을 추적하느니 차라리 당신이 그냥 갖도록 내버려 둘 것이다. 아마 당신이 훔친 것이 그의 팔다리였더라도, 아니 그의 육체 전부였더라도, 그가 그다지 신경 쓰지 않기는 마찬가지였을 것이다.

그는 친척과 친구와 나라에도 똑같은 태도를 취했다. 그는 그런 것들이 어디서 왔는지를, 그러니까 그것들을 누구의 손으로부터 어떤 조건으로 받았는지를 알았다. 자신의 진정한 조상인 신들과 자신의 진정한 나라를 그는 절대로 포기하지 않았을 것이며, 신들에게 복종하고 헌신하는 일에서나 진정한 나라를 위해서 죽는 일에서나 똑같이 그는 다른 사람이 자기보다 앞서도록 내버려두지 않았을 것이다. 그는 세상에서 일어나는 모든 것은 '거기'서 오고, 그 모든 것은 그의 진정한 나라를 위해서 일어나고 그 나라를 지배하는 존재에 의해 생겨난다는 사실에 대해 늘 생각하고 있었다.

142

만약 당신이 자유로운 사람이 되기를 원하고, 또 가치가 충분한 그런 자유를 얻기로 결심한다면, 이 의견을 소중히 여겨라. 보잘것없는 육체를 자신의 것으로 여기지 않고, 어떤 것도 원하지 않고, 법을 가장 중요하게 여기며, 그런 정신으로 살았던 본보기들에게 관심의 초점을 맞추라는 의견 말이다. 그렇게 소중한 것을 당신이 그렇게 높은 가격을 치르고 구입하는 것이 그리 놀라운 일인가? 인간들이 자유라고 여기는 것을 위해서, 어떤 사람들은 목을 매고, 어떤 사람들은 절벽에서 몸을 날릴 것이다. 정말로, 옛날에 도시 전체가 자유를 위해 완전히 사라졌던 적도 있었다. 그런데 신이 진정하고 확실하고 깨어지지 않는 자유를 주는 대가로 그 전에 당신에게 주었던 것을 되찾아갈 때, 당신은 그런 신을 못마땅해 할 것인가?
플라톤이 가르쳤듯이, 당신은 죽음뿐만 아니라 고문과 유배, 채찍질까지 견뎌내는 것을, 한마디로 말해 당신의 것이 아닌 모든 것을 포기하는 것을 배우지 않을 것인가? 그렇게 하지 않는다면, 당신이 집정관에 천 번을 선출된다 하더라도, 아니 당신이 궁전 계단을 오르내리는 황제라 하더라도, 당신은 노예 중의 노예가 될 것이다. 당신은 클레안테스(Cleanthes)[38]의 말이 얼마나 깊은 진리를 내포하고 있는지를 알 것이다. 그가 철학자들의 말이 세상의 의견과 일치하지 않을지라도, 그 말은 이성을 바탕으로 하고 있다는 점을 강조하지 않았던가.

38 B.C. 4세기와 B.C. 3세기에 걸쳐 활동한 그리스 철학자. 스토아 학파의 창시자인 제논의 후계자였다.

143

어떤 사람으로부터 적(敵)에게 고통을 안기는 최선의 방법이 무엇인가, 라는 질문을 받았을 때, 에픽테토스는 "당신 자신이 최대한 고결하게 살려고 노력하는 모습을 보여주는 것"이라고 대답했다.

144

나는 자유롭고, 신의 친구이며, 신에게 언제든 기꺼이 복종할 준비가 되어 있다. 그 외에 다른 것에는 어떤 가치도 부여하지 않는다. 나 자신의 육체도, 나의 소유물도, 나의 지위도, 나의 훌륭한 평판도 중요하지 않다. 한마디로, 신 외에 그 어떤 것도 중요할 수 없다.

신은 내가 이런 것들을 높이 평가하기를 바라지 않는다. 만약 신이 그렇게 하기를 원했다면, 그는 틀림없이 그것들을 나의 행복의 핵심으로 만들었을 것이다. 그러나 신은 그렇게 하지 않았으며, 그래서 나는 신의 명령 그 어떤 것에도 불복할 수 없다.

당신은 언제나 당신 자신에게 유익한 것을 고수해야 하지만, 당신에게 주어진 그 외의 다른 것은 이성적인 범위 안에서만 고수하며, 그것으로 만족하도록 하라. 그렇게 하지 않으면 당신은 실패와 불운, 퇴보와 곤경을 겪을 것이다. 이것들은 신이 만든 법들이다. 이것들은 신의 명령이며, 인간이 설명하고 해석해야 할 것들이다. 사람들이 복종해야 하는 것은 마수리우스(Masurius)와 카시우스(Cassius)[39]의 법들이 아니라 바로 이 신의 명령이다.

39 두 사람은 로마의 유명한 법률가였다.

145

권력과 부(富)에 대한 애착만이 우리를 타인의 노예로 만든다고 생각하지 않도록 하라. 평온과 여가, 여행에 대한 애착도 마찬가지이다. 외적인 것이 어떤 것인가 하는 문제는 별로 중요하지 않다. 거기에 가치를 부여하는 태도가 당신이 타인의 통제를 받도록 만든다.

원로원 의원이 되기를 바라는 것과 원로원 의원이 되지 않기를 바라는 것의 차이점은 무엇인가? 또 관직을 얻고 싶어 하는 것과 관직에서 물러나기를 바라는 것의 차이점은 무엇인가? 또 "아, 어쩌나! 책에 너무 깊이 빠져 지내다 보니, 아무 일도 할 수가 없어!"라고 외치는 것과 "아, 어쩌나! 책을 읽을 시간이 조금도 없으니!"라고 외치는 것의 차이점은 무엇인가? 마치 책은 관직과 권력과 위대한 인물의 인정(認定)만큼 외적인 것이 아니고, 또 당신의 의지 밖에 있는 것이 아니라는 듯이.

아니면 당신이 책을 읽기를 원하는 이유가 무엇인가? 나에게 말해 보라. 독서를 통해 단지 쾌락을 얻거나 단편적인 지식을 얻기를 원한다면, 당신은 활력 없고 미천한 사람에 지나지 않는다. 그러나 만약 당신이 올바른 이유로 공부하기를 원한다면, 독서가 마음의 평정과 평화로운 삶을 추구하는 길이 아니고 달리 무엇이겠는가? 만약 당신의 독서가 평정심을 안겨주지 않는다면, 그런 독서가 무슨 소용이 있겠는가?

그가 "아니, 독서가 마음의 평정을 안겨줍니다. 그것이 내가 평정이 방해받을 때마다 불평하는 이유이지요."라고 말한다. 통행인이 오갈 때마다 방해를 받는 마음의 평정은 도대체 어떤 평정이란 말인가? 평정은 황제의 방해도 받지 않는 것이라고 나는 생각한다. 그러나 까마귀 우는 소리가 들리거나 피리 부는 소리가 들리거나 몸에 열이 날 때, 당신은 마음의 평정을 잃는다. 당신이 마음의 평정을 잃을 이유는 아마 천 가지는 족히 될 것이다. 그래도 고요한 삶을 보여주는 지표로는 삶이 방해받지 않고 앞으로 나아갈 수 있다는 사실보다 더 확실한 것은 없다.

146

평소에 악의를 드러내거나 험담하는 버릇을 완전히 또는 어느 정도 버렸다면, 또 성급함과 거친 발언, 무절제, 게으름을 버렸다면, 또 한때 당신을 움직였던 것에 더 이상 움직이지 않게 되었거나 똑같은 방식으로 반응하지 않게 되었다면, 그런 경우에 당신은 하루하루를 축하해도 좋다. 오늘은 이 일을 잘 처리했기 때문이고, 내일은 저 일을 잘 처리할 것이기 때문이다. 이런 상황이라면, 사람이 제물을 바칠 명분으로 집정관이나 장관이 되었을 때보다 더 훌륭하지 않은가?

147

당신이 행동과 감정에서 이루는 향상은 당신 자신과 신들로부터 당신에게로 온다. 그런 향상을 당신에게 안겨주는 것이 누구인지를, 그 향상이 무슨 목적으로 당신에게 주어졌는지를 늘 기억하라. 당신의 영혼이 이런 것들을 소중히 여기는데도, 당신은 여전히 당신이 행복할 수 있는 곳과 신을 즐겁게 할 수 있는 곳이 서로 다르다고 생각하는가? 신들은 어디든 다 똑같지 않은가? 또 신들은 모든 곳에서 벌어지고 있는 일을 언제나 보고 있지 않는가?

148

폭군도 나의 의지를 저지하지 못하고, 주인도 나의 의지를 저지하지 못한다. 강한 자도 약한 나를 저지하지 못한다. 저지로부터 자유로울 수 있는 힘이 신에 의해서 모든 사람에게 주어졌기 때문이다. 이 같은 생각이 사람들에게 신에게 감사하고 외적인 것들을 행복한 마음으로 거부할 줄 알라고 가르치면서, 가정에 사랑을, 도시에 안정을, 국가들 사이에 평화를 낳고 있다. 그런 생각은 또 사람들이 외적인 것을 자신의 것으로 여기지 않도록 할 뿐만 아니라, 얻으려고 노력할 가치조차 없는 것으로 여기도록 한다.

149

진리를 추구하고 있다면, 당신은 가능한 모든 수단을 동원하여 이기려 들지 않을 것이다. 그러다가 진리를 발견하게 될 때, 당신은 그것을 잃어버리게 될까 걱정할 필요가 없다.

150

현재의 모습에도 만족하지 못하면서 언제나 미래의 모습에 대해 걱정하고 있다니, 그래서야 어떻게 내가 옳은 길을 걷고 있다고 주장할 수 있겠는가? 그런 생각 만큼 어리석은 것도 따로 없다.

151

신은 이 세상의 모든 것을, 아니 이 세상 자체를 결함 하나 없이 완벽한 모습으로 창조했고, 또 세상의 각 부분들이 전체 세상을 이롭게 하도록 창조했다. 인간 외에 다른 생명체들은 신이 세상을 지배하는 방식을 이해하지 못하지만, 인간은 이성을 갖고 있기 때문에 이 모든 것에 대해 생각할 능력을 갖추고 있다. 인간은 자신이 세상의 일부라는 것을 고려해야 할 뿐만 아니라, 자신이 세상의 어떤 부분을 이루고 있는지에 대해서, 그리고 세상의 다양한 부분들이 전체 세상을 위해 희생하는 것이 적절한 이유에 대해서도 고려해야 한다.

이게 전부가 아니다. 인간은 선천적으로 고귀하고 관대하고 자유롭도록 창조되었다. 그렇기 때문에, 인간은 자신을 둘러싸고 벌어지는 일들이 두 가지 종류라는 것을 알 수 있다. 주변 환경의 방해를 받지 않고 본인의 의지의 지배를 받는 일들이 있는가 하면, 주변 환경의 방해를 받고 다른 인간들의 의지에 좌우되는 일들도 있는 것이다.

그래서 만약 어떤 사람이 자신의 이상과 관심을, 자신의 능력 안에 있는 까닭에 주변의 방해로부터 자유로운 것들에 둔다면, 그 사람은 자유롭고, 차분하고, 행복하고, 피해를 입지 않고, 고귀하고, 경건할 것이다. 그는 이 모든 것들에 대해 신에게 감사할 것이고, 자신에게 일어나는 일에 대해 절대로 불평하지 않을 것이고, 그 어떤 것도 탓하지 않을 것이다.

만약 그가 자신의 의지로 통제하지 못하는 외적인 것에 관심을 기울인다면, 그는 방해를 경험할 것이고, 자신이 갈망하고 두려워하는 바로 그것을 통제하고 있는 사람들의 노예가 될 것이다. 또 그는 반드시 불경스러운 존재가 될 것이다. 그가 신에게 형편없이 다뤄지고 있다고 불평할 것이기 때문이다. 또 그는 반드시 부당한 행동을 할 것이다. 그가 언제나 자신이 누릴 수 있는 그 이상으로 많은 것을 얻으려고 분투할 것이기 때문이다. 그는 틀림없이 야박하고 비열한 인간이 될 것이다.

152

자유로운 내가 누구를 두려워하겠는가? 침실의 시종을? 그들이 나를 가로막을까 싶어서? 만약 내가 침실로 들어가고 싶어 한다면, 그들이 원하는 경우에 나를 들여보내지 않으면 된다.

"그러면 당신이 문 쪽으로 오는 이유는 뭔가?"

연극이 계속되는 한, 내가 거기에 참여하는 것이 옳다고 생각되기 때문이다.

"그런데 당신은 어떻게 가로막히지 않는가?"

침실로 들어가는 것이 허용되지 않는다면, 나는 거기 들어가는 쪽을 선택하지 않을 것이다. 나는 언제나 나에게 일어나는 일에 만족하고 있다. 신이 선택하는 것이 내가 선택하는 것보다 언제나 더 훌륭하다고 판단하기 때문이다. 나는 신을 신의 대리자와 종으로서 충실히 따를 것이다. 나는 신과 똑같은 길로 움직일 것이고, 신과 똑같은 욕망을 품을 것이다. 한마디로 말해, 나의 의지는 곧 신의 의지이다. 억지로 들어가기를 원하는 사람만이 가로막힐 수 있을 뿐이다. 나를 가로막을 수 있는 것은 절대로 있을 수 없다.

153

“그러나 나의 어머니는 내가 아플 때 머리를 포근히 감싸 안아주지 않겠습니까?” 그렇다면 당신의 어머니에게 가도록 해. 당신은 아픈 경우에 머리를 감싸 안아줄 사람을 필요로 하니까. “집에서도 나는 따스한 침대에 누워 있곤 했습니다.” 그랬다면 침대로 가도록 해. 정말로 당신은 건강할 때에도 침대에 누워지내는 것이 어울리는 사람이니까. …

그러나 소크라테스는 뭐라고 하는가?

“어떤 사람은 자기 땅을 개량하는 일에서 즐거움을 얻고, 어떤 사람은 자기 말(馬)을 개량하는 일에서 즐거움을 얻는다. 그렇듯이, 나는 나 자신이 나날이 성숙하고 있다는 사실을 확인하는 데에서 즐거움을 얻는다.”

154

사람들은 각자 하는 일에 따라 옷을 적절히 입는다. 그래도 장인(匠人)은 최종적으로 기술을 통해서 이름을 얻지, 몸에 걸치는 옷을 통해 이름을 얻지는 않는다. 그렇기 때문에 이렇게 말한 유프라테스(Euphrates)[40]가 옳았다.

"오랫동안 나는 나 자신이 철학자의 삶을 살고 있다는 사실을 숨기려고 노력했다. 그런데 그렇게 한 것이 나에게 상당히 유리하게 작용했다. 먼저, 나는 나 자신이 옳게 행한 것이 나를 지켜보는 사람들을 위해서가 아니라 나 자신을 위해서였다는 사실을 깨달았다. 나는 적당히 먹었으며, 그런 사실을 나 혼자만 알고 있었다. 나는 언제나 부드러운 걸음걸이로 걷고, 얼굴 표정을 차분하고 고요하게 유지했다. 그것은 어디까지나 나와 신만 아는 일이었다. 그때 나는 홀로 분투하고 있었기 때문에, 위험도 나 혼자 지기만 하면 그만이었다. 내가 그릇되거나 수치스런 일을 했더라도, 나는 철학에 전혀 아무런 해를 끼치지 않았으며, 대중에게도 철학자가 그릇된 행동을 하는 모습을 보여주지 않음으로써 아무런 해를 끼치지 않았다. 그렇기 때문에 나의 목적을 몰랐던 사람들은 내가 평생을 철학자들과 대화하며 보냈음에도 철학자가 아니었다는 사실에 놀라워했다. 철학자가 외적 표시나 상징이 아니라 자신의 행위를 통해서 철학자로 알려지는 것이 잘못된 일인가?"

40 A.D. 1세기와 2세기에 걸쳐 살았던 그리스 스토아 학파 철학자.

155

철학에 뜻을 두고 있다면, 당신은 가장 먼저 자신이 어떤 존재인지를 숨기도록 노력해야 한다. 그리고 한동안 홀로 지혜를 찾도록 노력하라. 열매는 그런 식으로 자란다. 가장 먼저, 씨앗이 땅 속의 좁은 공간에 묻혀야 한다. 씨앗은 거기 숨은 상태에서 서서히 자라다가 성숙의 단계에 이른다. 그러나 만약 줄기가 자라기 전에 이삭부터 먼저 자란다면, 그 식물은 불완전하다. 그것은 아도니스[41]의 정원에서 나오는 산물이다.

어쩌면 당신은 그런 딱한 식물과 비슷할 수 있다. 당신은 꽃을 너무 일찍 피우고 말았다. 그래서 엄동설한의 찬바람이 당신을 죽이고 말 것이다.

41 그리스 신화에 나오는 청년 사냥꾼이다. 그의 숭배자는 일찍 싹을 틔우고 빨리 죽는 식물들을 심곤 했다. 그를 기리는 행렬에서 사람들은 식물 화분을 들고 다녔다.

156

품위와 겸손과 자유를 되찾기를 원한다면, 당신은 무엇보다 먼저 지금 당신이 영위하고 있는 삶부터 부정하라. 그렇다고 해서 당신 자신에게 절망하는 일은 없어야 한다. 비열한 정신의 소유자처럼 굴어서는 안 된다. 말하자면, 스스로 잘못되었다고 결론 내리기만 하면 자신을 완전히 포기하고 격랑에 내맡기며 이리저리 휩쓸리는 사람처럼 행동해서는 안 된다는 말이다.

레슬링 코치처럼 행동해야 한다. 운동하던 소년이 쓰러졌는가? 그러면 레슬링 코치는 소년에게 이렇게 말한다. "일어나서 다시 하는 거야. 네가 더 강해질 때까지." 당신도 자신을 그런 식으로 다뤄야 한다. 당신은 인간의 영혼만큼 다루기 쉬운 것도 없다는 사실을 알아야 한다. 당신에게 필요한 것은 의지뿐이다. 준비는 이미 다 되어 있다. 당신의 영혼은 올바른 길에 올라서 있다. 그러나 잠시라도 당신의 과제를 게을리하면, 당신은 금방 모든 것을 잃고 만다. 그리고 파괴와 복구는 똑같이 당신의 안에서 시작된다.

157

어떤 사람의 진면목이 드러나는 때는 바로 그 사람이 결정적인 순간을 맞는 때이다. 그렇기 때문에 당신에게 위기가 닥칠 때, 신은 레슬링 코치처럼 당신이 거칠고 건장한 상대와 맞붙도록 한다는 것을 기억하도록 하라. 그러면 당신은 "무슨 목적으로?"라고 물을 것이다. 당연히, 당신이 위대한 경기에서 승자라는 점을 입증하도록 하기 위해서이다. 그래도 땀과 노력이 없으면 그런 일은 절대로 일어나지 않는다.

158

정신적 성숙을 이루길 원한다면, 외적인 것들과 관련해서 바보스럽게 보이거나 그것들을 이해하지 못하는 사람처럼 비칠지라도, 그런 일에 대해서는 걱정하지 않도록 하라. 오히려 아무것도 모르는 것으로 여겨지길 바라는 것이 바람직하다. 만약 당신이 누군가에게 중요한 인물로 여겨지는 것 같다면, 그때는 당신 자신을 믿지 않도록 하라. 왜냐하면 당신의 의지를 자연과 일치하는 상태로 유지하면서 동시에 외적인 것을 확보하는 것은 결코 쉬운 일이 아니기 때문이다. 또 사람이 자연에 신경을 쓰는 경우에 당연히 외적인 것을 무시하게 되어 있기 때문이다.

159

인생을 사는 동안에는 마치 연회에 참석한 사람처럼 처신해야 한다는 것을 기억하라. 음식 접시 중 어떤 것이 당신에게 제공되고 있는가? 그러면 손을 뻗어 적당히 그 음식을 즐기도록 하라. 음식 접시가 당신 앞을 지나가고 있는가? 그때는 그것을 붙들어 두려 하지 마라. 혹시 음식 접시가 아직 나오지 않았는가? 그러면 그것을 맞으려는 욕망을 보이지 말고, 그것이 당신에게 올 때까지 기다리도록 하라.

자식도, 아내도, 관직도, 부(富)도 그런 식으로 다뤄야 한다. 그러다 보면 어느 날 당신은 신(神)들의 연회에 참석할 준비가 되어 있을 것이다. 그러나 만약 당신 앞에 놓인 것을 건드리지 않고 혐오한다면, 당신은 신들의 연회에 참석할 뿐만 아니라 신들의 제국까지 공유하게 될 것이다.

160

당신이 어떤 연극의 배우라는 사실을 기억하라. 당신은 거기서 희곡 작가가 당신을 위해 선택한 역할을 맡는다. 그런데 그 역할은 길거나 짧다. 만약 작가가 당신에게 걸인이나 통치자, 또는 단순한 시민의 역할을 맡기기를 원한다면, 그때는 당신의 역할을 적절히 연기하는 것이 당신의 임무이다. 당신이 할 일은 당신에게 주어진 부분을 잘 연기하는 것이다. 그러나 당신의 역할을 선택하는 것은 당신이 아닌 다른 존재이다.

161

죽음과 추방, 그리고 인간이 끔찍하다고 생각하는 다른 모든 것들에 대해 매일 생각하되, 특히 죽음에 대해 많이 생각하도록 하라. 그러면 당신은 절대로 비열한 생각을 품지 않을 것이며, 탐하면 안 되는 것은 결코 탐하지 않을 것이다.

162

맞히지 않을 목적으로 세워지는 표적이 없듯이, 세상에 자연적인 악 같은 것은 존재하지 않는다.

163

신들을 숭배한다는 것은 곧 신들에 대해 올바르게 생각한다는 뜻이다. 신들이 존재한다고 생각하고, 신들이 우주를 선량과 정의로 지배한다고 생각하고, 신들에게 복종하고 어떤 상황에서도 신들에게 허리를 굽히는 것이 당신의 임무라고 생각하는 것이 신들에게 존경을 표하는 길이다. 당신은 자신에게 일어나는 모든 일에 즐거운 마음으로 동의해야 하고, 그 일이 어떤 완벽한 지성의 계획에 따라 일어났다고 확신해야 한다. 이런 태도라면, 당신은 신들에게서 어떤 결함도 발견하지 않을 것이고, 또 신들이 당신을 등한시한다고 비난하는 일도 절대로 없을 것이다.

164

당신 혼자 있을 때나 타인들과 함께 있을 때나 똑같이, 특별한 어떤 유형의 성격이나 행동을 취하느라 시간을 낭비하지 않도록 하라. 대체로, 침묵을 지키는 것이 원칙이 되어야 한다.

필요한 것만 최대한 짧게 말하도록 하라. 그러나 상황이 요구할 때에는 대화를 하되, 그때도 검투사와 경마와 운동선수 같은 흔한 소재나 음식과 음료에 관한 지겨운 대화를 피할 것이며, 말을 짧게 해야 한다. 무엇보다, 선하거나 나쁜 사람들에 대해 말하거나 그들과 타인들을 비교하는 것을 피해야 한다.

가능하다면, 일행의 대화 내용을 당신이 홀로 있을 때 생각하게 되는 것으로 바꿔놓도록 하라. 그러나 만약 이방인들과 외국인들 사이에서 달아날 수 없는 상황에 처한다면, 침묵을 지키도록 하라.

165

웃음은 지나치게 커서도 안 되고, 지나치게 잦아서도 안 되고, 억제되지 않아도 안 된다.

166

서약하는 일은 가능하다면 모두 거부해야 한다. 그럴 수 없는 상황이라면, 피하는 것이 절대로 불가능한 것만 서약하도록 하라.

167

교양 없는 사람들과 천박한 사람들이 모이는 연회를 피하라. 그러나 어쩔 수 없이 참석해야 하는 상황에 처하게 된다면, 어쨌든 악의 길로 빠지지 않도록 한 순간도 경계를 늦추지 않아야 한다. 아무리 순수한 사람일지라도 동료들이 불순하면 그들에게 오염되지 않기가 거의 불가능하기 때문이다.

168

육류나 음료, 옷, 주택과 하인에 관한 한, 당신의 육체가 필요로 하는 최소한의 것만을 취하고 사치스럽거나 과시를 위한 것은 모두 거부하라.

169

누군가가 당신을 비방한다는 소리를 듣게 된다면, 그 같은 비방이 사실이 아니라는 식으로 당신 자신을 옹호하고 나설 것이 아니라, 이렇게 말하도록 하라. "틀림없이 그 사람은 나의 결점을 전부 알지는 못했을 것입니다. 다 알았더라면, 그런 것만 언급하지는 않았겠지요!"

170

권력을 가진 사람을 방문한다면, 당신은 그 사람을 만나지 못할 수도 있고, 입장이 허용되지 않을 수도 있고, 당신 면전에서 문이 닫힐 수도 있고, 그가 당신에게 관심을 두지 않을 수도 있다는 점을 고려해야 한다. 이런 모든 것에도 불구하고 만약 그 사람을 만나러 가는 것이 당신의 의무라면, 거기서 일어나는 일을 모두 참고 견딜 것이며, "이런 곤란을 겪을 만큼 가치 있는 일은 아니었어!"라고 말하지 않도록 하라. 그것은 외적인 것들에 영향을 받는, 교양 없는 바보 같은 사람의 행동이다.

171

타인들과 함께 있을 때, 당신 자신의 행동이나 당신이 직면한 위험에 대해 필요 이상으로 자주 말하지 않도록 하라. 당신이 처한 위험을 과장되게 묘사하는 것이 당신 자신에게는 아주 큰 즐거움일지 몰라도, 타인들은 당신의 모험에 관한 이야기를 그다지 즐기지 않을 수 있다.

타인들의 웃음을 자극하는 것도 피하도록 하라. 그런 행위는 사람이 쉽게 바보스런 길로 들어서도록 만들 뿐만 아니라, 당신의 이웃이 당신에게 느끼고 있는 존경을 약화시킬 수 있는 버릇이다. 속된 말을 주고받는 것도 마찬가지로 위험한 일이다. 그런 상황이 벌어질 때, 가능하다면, 화자가 말을 멈추도록 유도하라. 그럴 기회가 주어지지 않는다면, 적어도 침묵을 지키고 얼굴이 빨개지며 당황하는 기색을 보이면서, 당신이 그 주제를 좋아하지 않는다는 점을 드러내도록 하라.

172

당신이 어떤 일을 하기로 결정하고 그 일을 하고 있다면, 대부분의 사람들이 당신이 잘못하고 있다고 생각할 때조차도, 그것을 하고 있다는 사실을 숨기지 않도록 하라. 그때 당신이 옳은 일을 하고 있지 않다는 것이 확인되면, 그 일을 중단하면 그만이다. 당신이 옳은 일을 하고 있다면, 엉터리 비판을 걱정할 이유가 있는가?

173

운동에 너무 많은 시간을 쏟거나, 먹고 마시는 데에 많은 시간을 들이거나, 다른 육체적 기능에 지나치게 많은 시간과 정성을 쏟는 것은 비천한 인간의 특징이다. 당신의 노력은 주로 이해력을 확장하는 데에 쏟아져야 하고, 육체에 관한 것들은 부차적인 것으로 여겨져야 한다.

174

모든 일에는 그것을 다루는 손잡이가 2개 있다. 그 중 하나는 그 일을 떠받치는 데에 쓰이지만, 다른 하나는 그런 역할을 하지 못한다. 만약 당신의 형제가 당신에게 죄를 짓는다면, 그 형제의 부정(不正)이라는 손잡이를 잡지 않도록 하라. 그 손잡이가 그 문제의 해결에 사용될 수 없는 것이기 때문이다. 그 대신에, 당신에게 그가 당신의 형제라는 사실을, 젊은 시절에 그가 당신의 친구였다는 사실을 말해주는 손잡이를 잡도록 하라. 그러면 당신은 그 문제를 해결할 수 있을 것이다.

175

절대로 당신 자신을 철학자라고 부르지 말 것이며, 교양 없는 사람들 사이에서 원리에 대해 지나치게 말을 많이 하지 않도록 하라. 그보다는 철학자처럼 행동하고, 원리에 따라 행동해야 한다. 그러니 연회에 참석하거든, 사람들이 어떤 식으로 먹어야 하는가 하는 문제를 놓고 논할 것이 아니라, 그냥 옳은 방식으로 먹도록 하라.

소크라테스가 그런 식으로 행동하며 과시를 피했다는 사실을 기억하라. 사람들이 철학자를 추천해 달라고 부탁하기 위해 소크라테스를 찾곤 했는데, 그럴 때면 그는 그들을 직접 철학자들에게 데려다 주곤 했다. 그런 식으로 그는 자신이 무시당하는 현실을 너무도 잘 견뎌냈다. 그러니 만약 교양 없는 사람들이 원리에 대해 말하기 시작하거든, 대부분의 시간 동안 침묵을 지키도록 하라. 당신이 제대로 이해하지 못한 것을 토해낼 위험이 있기 때문이다. 어떤 사람이 당신을 두고 아는 것이 하나도 없는 사람이라고 해도 그 같은 사실이 당신을 화나게 만들지 않는다면, 당신은 옳은 길에 올라섰다고 확신해도 좋다.

176

많은 비용을 들이지 않고도 당신의 육체를 만족시키는 방법을 배웠을 때, 그 같은 사실을 자랑스럽게 생각하지 않도록 하라. 만약 물만 마신다면, "나는 물만 마셔."라는 말을 입에 달고 살지 않도록 하라. 만약 고난을 견디며 인내심을 강화하길 원한다면, 당신에게만 그것을 요구할 것이며 다른 사람들에게까지 강요하지 않도록 하라. 조각상을 끌어안지 마라![42]

42 키니코스 학파인 디오게네스는 겨울에 차가운 조각상을 끌어안곤 했다.

177

어떤 사람이 크리시포스의 글을 이해하고 해석할 수 있다는 사실을 자랑스러워할 때, 당신은 혼잣말로 이렇게 말하라. 크리시포스가 어려운 글을 쓰지 않았다면, 이 친구는 자랑할 게 하나도 없을 뻔했군.

그러나 내가 원하는 것은 무엇인가? 자연을 이해하고, 자연을 따르는 것이 아닌가! 그래서 나는 누가 자연을 해석할 수 있는지 묻는다. 크리시포스가 자연을 해석할 수 있다는 소리를 들은 터라, 나는 그에게 기댄다. 그러나 그의 글이 쉽게 이해되지 않는다. 그래서 나는 그의 글을 해석해 줄 사람을 찾는다. 여기까지는 나 자신에 대해 자랑스럽게 여길 것이 하나도 없다. 그리하여 그의 글을 해석해 줄 사람을 발견했지만, 그래도 남는 것은 크리시포스의 말을 행동으로 옮기는 일이다. 바로 이것이 유일하게 자랑할 수 있는 일이 아닌가.

만약 내가 해석 자체만을 자랑스럽게 여긴다면, 나는 지혜를 사랑하는 사람이 아니라 단순히 해설가에 불과하다. 정말로, 내가 어쩌다 호메로스가 아니라 크리시포스를 해석하고 있을 뿐이다. 그래서 누군가가 나에게 "크리시포스의 글을 좀 읽어주십시오."라고 부탁하면, 나는 대체로 얼굴이 빨개진다. 나의 행동이 그의 글과 일치하지 않기 때문이다.

178

잔치에 참석할 때, 당신은 2명의 손님, 즉 육체와 영혼을 대접하고 있다는 사실을 기억하라. 당신이 육체에게 주는 것은 곧 사라지겠지만, 영혼에게 주는 것은 당신과 영원히 함께할 것이다.

179

식사를 하는 자리라면, 손님보다 하인의 숫자가 더 많지 않도록 하라. 대여섯 명이 식사하는 자리에 많은 하인들이 춤을 추며 흥을 돋우는 것은 터무니없다.

180

잔치를 준비할 때나 즐길 때나 똑같이, 당신은 일의 부담을 하인들과 나눠 져야 한다. 그렇게 하는 것이 어렵다는 사실이 확인된다면, 당신은 피곤하지 않은 상태에서 피곤한 사람들의 시중을 받고 있고, 먹지도 마시지도 못하는 사람들 앞에서 실컷 먹고 마시고 있고, 침묵을 지켜야 하는 사람들 앞에서 자유롭게 떠들고 있고, 예의를 갖춰야 하는 사람들 앞에서 편하게 놀고 있다는 사실을 기억해야 한다. 이런 것만 기억해도, 갑작스런 화 때문에 당신이 비이성적으로 행동하는 일도 일어나지 않을 것이고, 주변 사람들이 당신의 거친 행동 때문에 당황하는 일도 일어나지 않을 것이다.

181

소크라테스의 아내 크산티페(Xanthippe)가 친구를 맞을 준비를 제대로 하지 않는 남편에게 잔소리하자, 소크라테스는 이렇게 대답했다.
"그들이 나의 친구라면 그런 것에 신경을 쓰지 않을 것이고, 그들이 나의 친구가 아니라면, 우리가 그들에게 신경 쓸 일이 없지 않겠소?"

182

“어떤 사람이 부자입니까?”라는 질문에, 에픽테토스는 “만족하는 사람”이라고 대답했다.

183

파보리누스(Favorinus: A.D. 80?-A.D. 160?)[43]는 에픽테토스도 다른 결함보다 특별히 더 부정적인 결함 두 가지를 강조하곤 했다고 말한다. 인내심을 발휘하지 못하고 자제력을 발휘하지 못하는 것이 그 결함들이다. 그래서 우리는 견뎌내야 할 것을 끈기 있게 참아내지 못하고, 삼가야 할 것과 쾌락을 자제하지 못한다.

파보리누스는 이렇게 덧붙였다. "그렇다면 어떤 사람이 두 개의 단어만 기억하며 그것들을 자신을 관리하는 일에 충실히 적용한다면, 그 사람은 언제나 죄를 피할 수 있을 것이고, 그의 삶은 차분하고 평온할 것이다." 그 단어는 바로 "인내"와 "자제"이다.

43 고대 로마의 웅변가이자 소피스트.

184

어떤 일이든 할 때, 언제나 이런 생각을 잊지 말아야 한다.

'오, 신이시여, 그리고 운명이시여,
언제나 나를 이끄소서.
당신이 나를 위해 무엇을 생각하고 있든
나는 용감하게 따르리다.
아니, 내가 따르기를 원하지 않으면
스스로 겁쟁이가 되겠지만,
그래도 나는 따라야만 하지.'[44]

이런 가르침도 잊지 말자.

'해야 할 일을 하는 사람은 현명하고
신이 원하는 것을 잘 알고 있느니라.'[45]

이 말도 기억해 두자.

44 제논의 제자이자 크리시포스의 스승인 클레안테스의 시의 일부.

45 에우리피데스(Euripipides)의 희곡 중 한 대목.

'크리톤[46], 만약 이것이 신의 뜻이라면, 그냥 내버려 두게. 나에 대해 말하자면, 아니토스와 멜레토스[47]가 나를 죽게 할 수는 있지만, 절대로 나에게 해를 끼치지는 못해!'[48]

46 소크라테스의 절친이자 철학자이며, 소크라테스가 독약을 마시는 현장을 끝까지 지켰다.

47 소크라테스를 고발한 인물들이다.

48 플라톤의 '크리톤'의 한 대목.

185

감옥에 갇혀 있는 상태에서도 신을 찬미할 수 있을 때, 우리는 소크라테스처럼 될 것이다.

186

두 가지 자질, 말하자면 상황의 지배를 받고 있는 사람의 신중과 상황에 신경을 쓰지 않는 사람의 대담성을 결합시키는 것은 어려운 일이긴 하지만, 불가능한 일은 아니다. 그것이 불가능하다면, 행복도 마찬가지로 불가능할 것이다.

우리는 바다에서 일하듯이 행동해야 한다.

"나는 뭘 할 수 있는가?" 선장과 선원, 날짜, 시간을 선택할 수 있다. 그런데 갑자기 폭풍이 닥친다. 난 뭘 해야 하는가? 나의 임무를 완수한다. 모든 것은 다른 사람, 즉 선장의 책임이다. 배가 가라앉고 있다. 그러면 나는 뭘 해야 하는가? 내가 할 수 있는 것은 한 가지뿐이다. 세상에 태어난 존재는 반드시 죽게 되어 있다는 것을 알면서, 두려움을 느끼지도 않고 절규하지도 않고 신에게 불평을 터뜨리지도 않고 물에 빠져야 한다. 나는 불멸의 존재가 아니며, 이 세상의 일부인 인간이다. 한 시간이 하루의 일부이듯이. 나는 그 한 시간처럼 왔다가 한 시간처럼 가야 한다.

187

지금 우리는 로마의 상황이 어떤지 정탐하기 위해 당신을 로마로 보낸다. 그러나 누구도 그런 과업에 겁쟁이를, 말하자면 소음을 듣거나 그림자를 보고는 "적군이 쳐들어 오고 있어! 달아나!"라고 외칠 사람을 보내지 않는다.

그래서 만약 당신이 지금 로마에 갔다가 돌아와서 우리에게 "로마에는 모든 것이 무시무시합니다. 죽음과 유배, 기근, 중상(中傷)이 끔찍하게 벌어지고 있습니다. 그러니, 모두 달아나십시오! 적이 우리 쪽으로 쳐들어오고 있어요!"라고 말한다면, 우리는 이렇게 대답할 것이다. "저리 꺼져! 공포는 당신 혼자 느끼도록 해. 당신 같은 사람을 스파이로 보낸 것이 잘못이었어. 당신보다 훨씬 앞에 스파이로 갔다 온 디오게네스가 보고한 내용은 당신의 보고와 완전히 달라."

디오게네스는 죽음은 수치심을 야기하지 않기 때문에 절대로 악이 아니라고 말한다. 디오게네스는 명성도 광인들의 공허한 소란에 불과하다고 말한다. 이 스파이는 고통과 쾌락, 빈곤에 대해 어떻게 보고했는가? 그는 거친 삼베옷이 고관대작의 자주색 옷보다 더 낫고, 땅바닥이 가장 부드러운 침상이라고 말한다. 그는 그런 단언들을 뒷받침하는 증거로 자신의 용기와 지조, 자유, 그리고 근육질의 강건한 육체를 제시했다. 디오게네스는 "가까이에는 적이 없어! 모든 것이 완벽한 평화야!"라고 외친다.

188

어떤 사람이 어디서 무엇을 하든 혼란을 겪지 않고 자신을 온전히 돌볼 수 있는 그런 평화를, 말하자면 카이사르가 선언하는 평화가 아니라(그가 어떻게 평화를 선언하겠는가?) 신이 이성(理性)을 통해 선언하는 평화를 누린다면, 그 사람은 혼자서 보고 살피고 생각하는 그런 평화로 만족하지 않겠는가?

지금 나에게 악한 일은 어떤 것도 일어날 수 없어. 또 나에게는 강도도 없고 지진도 없어. 모든 것이 평화롭고 고요해. 도로나 도시, 군중, 이웃이나 친구도 나에게 피해를 입히지 못해. 누구는 나에게 음식을 주고 다른 누구는 옷가지를 주고, 또 다른 누구는 사고하는 방법과 주요 개념들을 가르쳤어.

그리고 그분이 나에게 필요한 것을 더 이상 주지 않을 때, 그 같은 사실은 그분이 퇴장을 알리는 신호이다. 그분이 문을 열고 나에게 "오라!"고 말한다. 어디로 오라는 뜻인가? 끔찍한 곳이 아니라, 내가 왔던 곳으로, 친숙한 그 원소들로 오라는 것이다. 나의 안에서 불로 된 것은 모두 불로 돌아가고, 흙으로 된 것은 모두 흙으로 돌아가고, 물로 된 것은 모두 물로 돌아가고, 영(靈)으로 된 것은 모두 영으로 돌아간다. 저승도 없고, 신화에 나오는, 탄식이나 슬픔이나 불의 강도 없으며, 모든 것이 영적이고 신성한 존재들로 가득하다.

사람이 이런 생각에 잠겨 우주를 바라볼 때, 그 사람은 절대로 무력하지도 않고 홀로이지도 않다.

189

죽음이 닥칠 때, 당신은 무엇을 하다가 죽음에게 발견되기를 원하는가? 선택할 수만 있다면, 나는 진정으로 인간적이고 중요하고 훌륭하고 고상한 무엇인가를 하는 중에 죽음에게 발견되고 싶다.

그러나 만약 내가 죽음에게 발견될 때 그것만큼 숭고한 일을 하고 있지 않다면, 적어도 어느 누구도 막을 수 없는 무엇인가를, 확실히 나의 능력 안에 있는 무엇인가를 하고 있었으면 좋겠다. 내 안의 뒤처진 것을 높이 향상시키거나, 감각의 문제를 더 현명하게 다루는 방법을 배우거나, 삶의 모든 관계를 옳게 다루는 중에 죽음에게 발견되었으면 좋겠다. …

만약 죽음이 이런 일을 하는 나를 발견한다면, 나는 신을 향해 두 팔을 벌리며 이렇게 말하는 것으로 충분하지 않겠는가?

"나는 당신이 당신의 지배를 이해하도록 나에게 준 능력을 헛되이 낭비하지 않았습니다. 나는 당신에게 존경을 최대한 표했습니다. 내가 나의 감각을, 그리고 당신이 나에게 준 근본적인 개념들을 어떻게 이용했는지 보십시오. 내가 어떤 일을 두고 당신을 탓한 적이 있었습니까? 나에게 일어난 일에 대해 불평하거나, 다른 방향으로 일어났으면 하고 바랐던 적이 있었습니까? 삶의 관계들을 깨뜨린 적이 있었습니까? 당신이 나를 창조한 것에 대해, 그리고 당신이 나에게 준 것들에 대해 당신에게 감사하고 있습니다. 나에게는 당신이 준 시간으로 충분합니다. 그것들을 다시 거두어 가시고, 그것들을 당신이 원하는 곳에 놓으십시오. 그것들은 모두 당신이 나에게 준 것으로, 당신의 것입니다."

만약 어떤 사람이 이런 마음으로 떠날 수 있다면, 그것으로 충분하지 않겠는가? 어떤 삶이 이 사람의 삶보다 더 아름답고 더 고귀하고 더 행복할 수 있겠는가?

〈옮긴이의 말〉

이 책을 읽기 전과 후의 당신은 절대로 같을 수 없다

2,000년 가까이 된 책이라고 해서 고리타분할 것이라고 짐작하면 곤란합니다. 에픽테토스가 한 말 모두가 다 빛을 발하는 것은 아니지만, 몇 편의 글은 심리학 상식을 어느 정도 갖춘 현대인에게도 머리가 끄덕여질 만큼 탁월한 통찰력을 보입니다. 우리 인간이 그 긴 세월 동안에 주로 물질적인 것의 발달에 관심을 집중한 결과 내면 세계가 그때나 지금이나 별로 다르지 않다 보니 그렇게 느껴지는 것은 아닌지 모르겠습니다.

인간의 내적 발달이 차단되는 과정에 관한 글(23번 글)은 2025년을 살고 있는 우리를 크게 꾸짖는 듯합니다. 인간의 이해력이 화석처럼 굳어지거나 인간의 수치심이 화석처럼 굳어지면 인간이 정신적 성숙을 이루는 것이 불가능해진다는 내용인데, 바로 우리 현대인의 행태를 지적하는 것 같습니다.

에픽테토스의 철학은 대단히 실용적입니다. 에픽테토스는 제자들에게 각자의 의견과 열정과 욕망을 유심히 관찰함으로써 자신이 바라는 것을 놓치거나 바라지 않는 것에 빠지는 일이 없도록 하라고 가르쳤습니다. 예를 들어, 화내는 버릇을 버리기를 원하는 제자에게는 무조건 화를 내지 말아 보라고 가르칩니다(76번 글). 또 사회에 이로운 존재가 되기를 원하는 사람에게는 그냥 타인들의 본보기가 되라고 강조합니다. 필요한 것은 행동뿐이라는 믿음에서지요. 철학자들에게도 추상적인 원리를 내세울 것이 아니라 자신의 행동을 통해서 철학을 전파할 것을 요구합니다(177번 글).

에픽테토스에게는 자신이 누구인지, 자신이 세상에 태어난 목적이 무엇인지, 이 세상은 어떤 곳인지, 이 세상에서 자신이 서 있는 위치가 어디인지를 알고, 선과 악, 참과 거짓을 구별할 줄 아는 것이 대단히 중요합니다. 에픽테토스는 이런 지식의 결여로 인해, 인류 역사 내내 재앙과 실수가 끊이지 않았다고 분석합니다(81번 글). 맞는 말입니다.

스토아 학파와 키니코스 학파(견유학파)에 대한 설명이 필요할 것 같습니다. 에픽테토스가 스토아 학파의 중요한 철학자이고, 스토아 학파가 윤리의 측면에서 키니코스 학파의 영향을 많이 받았기 때문입니다.

B.C. 300년경에 키티온 출신의 제논이 아테네의 아고라에서 시작한 스토아 학파는 미덕을 실천하는 삶을 잘 사는 삶으로 여겼습니다. 스토아 학파 철학자들은 매일 자연에 맞춰 살며 4가지 미덕, 즉 신중과 인내, 자제, 정의를 실천할 것을 강조했습니다. 그들은 미덕만이 인간에게 유일하게 유익하다고 가르쳤습니다. 건강과 부(富)와 쾌락 같은 외적인 것들은 그 자체로는 좋지도 않고 나쁘지도 않으며 미덕을 실천하는 바탕이 될 때에만 가치를 지닐 수 있었습니다. 에픽테토스도 미덕만으로 행복한 삶을

살 수 있다는 점을 강조합니다.

스토아 학파의 창시자인 제논의 사상은 거꾸로 키니코스 학파(견유학파)에 닿습니다. 소크라테스의 제자 안티스테네스(B.C. 445-B.C. 365)가 시작한 키니코스 학파에 따르면, 삶의 목표는 미덕을 성취하는 것이며, 미덕을 성취하는 것이 곧 행복에 이르는 길입니다. 그 길은 곧 사회적 제약으로부터 자유로운 상태에서 자연과 일치를 이루며 소박하게 사는 것입니다.

키니코스 학파의 철학자들은 부와 권력, 명예, 사회적 인정 등을 거부했습니다. 안티스테네스의 제자로 현대인에게 잘 알려진 디오게네스가 키니코스 학파가 추구했던 삶을 극단적인 모습으로 보여주고 있습니다. 아테네 거리에서 통 속에서 살았던 그는 욕망을 최소한으로 줄이고, 자신의 삶의 방식에 수치심을 느끼지 않고, 스스로 만족하는 삶을 살려고 노력했지요. 키니코스라는 학파 이름도 그가 개처럼 통 속에 살았던 까닭에 '개'(키노스)라 불린 데서 비롯되었다는 설도 있습니다. 알렉산드로스 대왕이 그를 찾아가서 원하는 것이 무엇인지 물었을 때, 그가 "햇빛을 가리지 말아 줬으면 좋겠다"고 대답했다는 일화는 유명합니다.

키니코스 학파뿐만 아니라 스토아 학파도 자연과의 조화를 강조합니다. 그러다 보니 전체 우주와 부분인 인간 개인의 바람직한 관계에 대한 언급이 자주 나옵니다. 이 책에서 말하는 신은 우주 또는 자연을 뜻합니다. 그러기에 인간이 신의 본성을 닮으려 노력해야 한다는 엄청난 가르침이 가능합니다(66번 글).

에픽테토스가 직접 남긴 글은 하나도 없습니다. 모두가 그의 제자인 아리아노스를 통해 알려지게 되었지요. 아리아노스는 스승의 가르침을

『강의』라는 제목의 책에 담았습니다. 이 책은 원래 총 8권이었지만, 지금은 4권만 전해오고 있습니다. 아리아노스는 『강의』와 별도로 에픽테토스의 가르침 중에서 도덕적으로 유익한 조언만을 간추려서 『어록』을 엮었습니다. 일종의 명언집입니다. 『어록』은 대부분 『강의』에서 끌어낸 글이지만 『강의』의 요약은 아니며, 사람이 도덕적으로 살아가는 데에 필요한 것으로 판단되는 가르침만을 모은 것입니다. 말하자면, 어떤 상황에서도 정신적 자유와 행복을 성취할 수 있는 길을 제시하는 실용서이지요. 그런 까닭에 『어록』은 특히 10세기 이후로 기독교 수도원의 생활 지침서로 널리 활용되었답니다.

『에픽테토스의 지혜』를 읽는 동안에 '메멘토 모리'(Memento mori: '죽음을 기억하라')라는 표현이 머리를 떠나지 않을 것입니다. 에픽테토스에 따르면(161번 글), 늘 자신의 죽음을 생각하는 사람은 절대로 비열한 생각을 하지 않고 탐하면 안 되는 것은 절대로 탐하지 않게 된답니다. 각박한 세상을 살며 삶의 의미를 놓고 고민하는 사람이 있다면, 이 책을 권하고 싶습니다.

하버드 클래식스에 실린 『The Golden Sayings of Epictetus』는 퀸스 칼리지 벨파스트의 고전학 교수를 지낸 해스팅스 크로슬리(Hastings Crossley)가 영어로 옮겼다는 사실을 밝힙니다.